SOCIÉTÉ INTERNATIONALE DE RECHERCHES
INTERDISCIPLINAIRES SUR LA RENAISSANCE (S.I.R.I.R.)
26

Mémoire et oubli au temps de la Renaissance

Cet ouvrage a été publié pour la première fois en 2002 dans la collection
Société internationale de recherches interdisciplinaires sur la Renaissance
dirigée par Claude Blum.

Actes du colloque de Paris 8-9 décembre 2000 et 9-10 mars 2001.

Mémoire et oubli au temps de la Renaissance

Sous la direction de Marie-Thérèse Jones-Davies

PARIS
CLASSIQUES GARNIER

Marie-Thérèse Jones-Davies, professeur émérite de littérature anglaise à l'université Paris 1 Panthéon-Sorbonne, a consacré ses travaux à la littérature élisabéthaine. Elle a fondé la Société internationale de recherches interdisciplinaires sur la Renaissance (SIRIR). Nous lui devons notamment *Victimes et rebelles : l'écrivain dans la société élisabéthaine* (Paris, 1980) et *Shakespeare, le théâtre du monde* (Paris, 1987).

Réimpression de l'édition de Paris, 2002.

ISBN 978-2-406-09300-8 (livre broché)
ISBN 978-2-8124-5708-1 (livre relié)

AVANT-PROPOS

Nos deux colloques de l'année universitaire 2000-2001 sur « La mémoire et l'oubli au temps de la Renaissance »[1] forment le 26ème volume de notre collection[2].

Les réflexions de saint Augustin sur la mémoire, au Livre X des *Confessions,* réflexions qui impliquent aussi des remarques sur l'oubli ont servi de point de départ à nos investigations.

L'idée de mémoire chez Augustin est étudiée en relation avec ses sources (A.Solignac), comme aussi avec sa survie au Moyen Age. L'accent est mis sur l'inspiration principale fournie par les *Tusculanes* de Cicéron. La mémoire chez Augustin est source de l'esprit, et l'analyse de la mémoire est une étape vers la connaissance de Dieu. Guillaume de Saint Thierry (12ème s.) ou Bonaventure (13ème s.) sont parmi ceux qui, au Moyen Age, voient dans la mémoire, comme saint Augustin, l'activité fondamentale de l'esprit.

Dans « Paysages de Mémoire », M.-M.Martinet s'applique à montrer que le présent renvoie à son type dans le passé, cadre de rappels où la mémoire est à l'œuvre. « L'espace était une image du temps » et l'art de la mémoire associait les idées dont on voulait se souvenir à une structure architecturale ».

Une étude du 9ème chant du 2ème livre du poème allégorique de *La Reine des Fées* de Spenser montre quel mécanisme assure la formation des images mentales. Le Château de l'Âme de Spenser aide à représenter la psychologie des Elisabéthains et à éclairer quelques connaissances anatomiques du temps. Puis Spenser passe de la mémoire individuelle à la mémoire collective (M.T.Jones-Davies). Le médecin psychologue Fernel (J. Céard) offre la synthèse la plus élaborée de la physiologie de la mémoire; ce faisant, il traite de la fantaisie, puis distingue la mémoire patiente et souffrante de la

---

[1] Nos recherches portent sur une très longue période du XVe siècle aux premières années du XVIIe siècle. En effet, la Renaissance anglaise, tardive, prolonge la Renaissance italienne et la Renaissance française.

[2] Voir liste des volumes déjà publiés depuis 1976.

mémoire agente. On note en passant cette définition de la mémoire: elle est la représentation de la chose absente par le regard ou la considération de son image avec la connaissance du temps passé.

L'art de la mémoire a exploité le pouvoir des images, et, s'il est difficile de se souvenir, il l'est peut-être plus encore d'oublier (L. Bolzoni). L'analyse de la préoccupation croissante pour l'oubli au XXe siècle – P. Rossi, P. Ricœur, U. Eco, H. Weinrich - permet de souligner les liens qui unissent imagination et mémoire et de constater dans les textes de la Renaissance – Della Porta, Fontana... l'exposé de techniques d'un *ars obliviationis* visant à enlever aux images leur vitalité. L'art de l'oubli est un iconoclasme comparable à l'iconoclasme religieux des protestants, une technique du refoulement.

A partir du livre de Weinrich sur le Léthé et de sa vaste enquête sur la représentation de l'oubli, Daniel Ménager parle du mythe et du concept de l'oubli. Il termine en insistant sur Dante, en particulier dans le Purgatoire, où un autre fleuve est associé au Léthé, l'Eunoe (bonne mémoire). (Il faut savoir oublier et savoir se souvenir). Dante ne sépare pas radicalement l'humain et le divin. Il impose au mythe un renouveau. Le Léthé devient fontaine de vie et de miséricorde (rituel pénitentiel et baptismal).

C'est encore la mémoire de l'histoire que mettent en relief les triomphes de Londres (W. Ribeyrol),où Mémoire personnifiée joue parfois un rôle central (*Les Triomphes de l'Intégrité* de Middleton)

A propos de Rabelais, M. Marrache pose le problème de la mémoire dans sa matérialité, par exemple la question de la survie et de la préservation des livres, autrement dit de la fragilité des supports de l'écrit (effets dangereux de l'eau, du temps, des parasites); enfin il y a la censure des autorités, et la méchanceté des lecteurs malhonnêtes. Toujours, la mémoire humaine est l'instrument le plus sûr pour protéger les connaissances. « Vive souvenance ». Les pages de G. Kilroy sur la circulation des manuscrits en Angleterre pendant les vingt-cinq dernières années du règne d'Elisabeth démontre l'impossibilité pour les persécutés de l'ancienne foi catholique d'avoir recours à l'imprimerie face à un régime extrêmement répressif. Les supports éphémères de l'écrit que sont papier, plume encre sauvegardaient les mémoires interdites, et laissaient entrevoir des rapports entre les récusants et certains dignitaires de la Cour. Le souvenir d'Edmund

Campion est au cœur de cette contribution. Ce souvenir, soigneusement préservé, révèle comment on se remémorait l'exemple des martyrs.

La mémoire et l'oubli occupent une place non négligeable dans les pièces de théâtre. La Renaissance fait revivre de manière sélective certains lieux du passé (Rome, Egypte) lourds d'associations mnémoniques, qui les relient à des visions cosmiques et à des processus cognitifs. Il est ainsi possible dans *Antoine et Cleopâtre* de lire l'Egypte comme un site de la mémoire.

T. Hoeneslaars explique comment le *Henry V* de Shakespeare, rattaché à la fête de St Georges finit par s'inscrire dans la tradition des commémorations nationales britanniques, et il évoque l'histoire de la pièce au XIXe siècle (selon Carlyle et Dickens), ou l'incident international du navire HMS Agincourt, le film d'Olivier en 1944, ou les poèmes de Jacques Darras sur Azincourt.

Enfin *Le Cœur Brisé* de John Ford (E. Paganelli) laisse apparaître deux sortes de mémoires historique ou publique, et personnelle ou individuelle; puis l'oubli de la mort et la tragédie que représente la folie ou l'oubli de soi. C'est le drame de l'oubli où la mémoire finalement triomphe de la mort.

Alors que le poète cherche à localiser la mémoire, que le médecin s'efforce d'analyser sa physiologie, la mémoire menacée ou triomphante apparaît dans le quotidien et dans les fêtes. Quand, parallèlement à l'affirmation de l'individu, les nations se forment, grandissent et tendent à se redéfinir, que s'affinent les théories médiévales de la mémoire, mémoire individuelle et mémoire collective se conjuguent souvent pour que survive le passé sans que le temps ne l'enfouisse à jamais dans sa besace d'oubli.

La Présidente de S.I.R.I.R.
M.T. JONES-DAVIES

NOTES

* Nos recherches portent sur une très longue période allant du XVe siècle aux premières années du XVIIe siècle. En effet, la Renaissance anglaise, tardive, prolonge la Renaissance italienne et la Renaissance française.

PREMIER COLLOQUE
8 et 9 décembre 2000

A. SOLIGNAC	L'idée de la mémoire chez Augustin et sa survie au Moyen Âge
M.M. MARTINET	Les Paysages de mémoire
W. RIBEYROL	La mémoire de l'histoire : les triomphes de la Cité de Londres
G. KILROY	«Paper, inke and penne»; the literary *memoria* of the recusant community
P. BERRY	Forgetting Egypt : oblivion and anamnesis in *Antony and Cleopatra*

L'IDÉE DE LA MÉMOIRE CHEZ AUGUSTIN ET SA SURVIE AU MOYEN ÂGE

Augustin traite longuement de la mémoire dans les *Confessions* (10, 8,12-26,37 : plus d'un tiers du livre) et encore dans *La Trinité*, surtout dans les II. 14-15). Ses vues sont originales mais on peut déceler les sources dont il s'est inspiré. Il n'a sûrement pas lu les écrits d'Aristote (*Mémoire et réminiscence* ; *De l'âme* ; *Anal. Post.* II, 19), mais il connaît ceux de Plotin, qui reprend en partie Aristote (*Ennéades* IV 3, 25 -32, IV 4, 1-7 ; traités arbitrairement séparés par Porphyre et qui correspondent aux tr. 27-28 dans l'ordre chronologique), Chez Plotin, il a pu trouver aussi l'idée que la mémoire possède les notions intelligibles, comme la sagesse et la justice (IV 7, 10, citant *Phèdre* 247d) et la distinction entre "nombres nombrants" et "nombres nombrés" (*Enn.* V 5, 4-5).

C'est cependant Cicéron qui lui a fourni son inspiration principale. Dans les *Tusculanes*[1] celui-ci énumère les puissances propres à l'esprit humain (*animus hominis*) : « Il possède en premier lieu la mémoire, réceptacle infini de réalités innombrables, que Platon croit être le ressouvenir d'une vie antérieure. Ainsi, dans le célèbre ouvrage intitulé *Ménon* (81e), Socrate pose à un petit bonhomme des questions de géométrie sur la mesure du carré. Celui-ci répond comme un enfant et cependant les questions sont posées de façon si adroite que de réponse en réponse il finit par arriver au même résultat que s'il avait appris la géométrie. D'après cela, Socrate veut qu'apprendre n'est pas autre chose que se ressouvenir. » Augustin rappelle cette expérience en *Trin.* 12, 15, 24. Cicéron évoque ensuite le discours de Socrate avant sa mort (*Phédon* 72), d'où il tire cette conclusion : « L'esprit ne

[1] Cicéron, *Tusculanes*, texte latin par G. Fohlen, trad. J. Humbert, t. I, Les Belles Lettres, Paris 1931, p. 55-57, 59. – J'utiliserai les sigles suivants: BA = Bibliothèque Augustinienne, Éd. Desclée De Brouwer, Paris ; DS = Dictionnaire de Spiritualité, Éd. Beauchesne, Paris. Les traductions des textes latins ont été souvent remaniées.

posséderait pas les "notions", ce que les Grecs appellent *ennoias,* de tant et de si grandes réalités, insérées et comme empreintes en lui si, avant son entrée dans le corps, il n'avait joui de la connaissance des choses. Et puisque rien n'est... sinon seulement ce qui est toujours identique à soi-même, ce que lui appelle *idean* et que nous appelons *speciem* (forme), l'esprit enfermé dans un corps n'a pu connaître ces réalités ; il les a apportées déjà connues. De là jaillit l'admiration devant la connaissance de réalités si nombreuses. Et l'esprit ne les voit pas nettement, lui qui a émigré dans un habitacle si perturbé, mais, quand il est recueilli et apaisé, alors il les connaît en se ressouvenant. Ainsi apprendre n'est pas autre chose que se souvenir. » (*Tusc.* I, 24, 57-58). Un peu plus loin, Cicéron cherche d'où vient la mémoire: « elle ne vient assurément ni du cœur, ni du cerveau, ni des atomes ; est-ce un souffle ? un feu ? Je l'ignore ;... mais que l'esprit soit souffle ou feu, je jurerais qu'il est divin – *eum iurarem esse divinum.* » (25, 60)

I. La mémoire chez Augustin

Augustin n'utilise jamais servilement ses sources ; il fait toujours passer l'héritage de ses prédécesseurs par son propre esprit et le fait entrer ainsi, en une construction originale, dans l'ensemble de sa doctrine. On peut ramener à trois points ses vues sur la mémoire : 1. Mémoire et sujet ; 2. Mémoire et recherche de Dieu ; 3. Mémoire et image du Père[2].

1. Mémoire et sujet

Augustin exprime en diverses métaphores son admiration pour les contenus merveilleux de la mémoire: *lata praetoria, abstrusiora... receptacula, secreti atque ineffabiles sinus, aula ingens, penetrale amplum et infinitum, profunda et infinita multiplicitas, multimoda uita.* Elle contient en effet les images des perceptions antérieures, les

---

[2] Cf. A. Solignac, *BA* 14, note complémentaire 14 : La mémoire selon s. Augustin, p. 556-567 : n. compl. 15 : La volonté universelle de vie heureuse, p. 567-569. ID. « *Memoria* dans la tradition augustinienne », *DS*, t. 10 (1980), col. 995-999.

éléments de l'expérience personnelle et même ceux de l'expérience d'autrui connus par le témoignage ; elle peut aussi modifier ou reconstruire ces ensembles. Elle contient encore les notions intelligibles qui relèvent des disciplines libérales (*Conf.* 10, 10, 16). Ces notions ne sont plus des images, mais les réalités elles-mêmes ; elles ne viennent pas du dehors : l'esprit les possède en lui dès l'origine, sans en avoir conscience ; il les explicite peu à peu au cours de son développement, en ordonnant et jugeant par elles les données des perceptions et des actes intérieurs. La mémoire provoque en effet l'acte constructif de l'esprit, qu'Augustin appelle *cogitare*, ce qui veut dire « assembler », « regrouper » (11, 18). Elle contient de plus « les raisons et les lois innombrables des nombres et des dimensions » (12, 19-13, 20), c'est-à-dire les principes du savoir scientifique ; elle contient enfin le souvenir des passions et affections (14, 21).

La mémoire permet ainsi au sujet humain de totaliser et de personnaliser l'ensemble de son expérience puisque, en ordonnant à sa façon les souvenirs du passé, elle peut imaginer son avenir, souhaiter qu'advienne ceci ou cela (10, 14). Finalement, la mémoire s'identifie au sujet lui-même : « Grande est la puissance (*uis*) de la mémoire... et c'est-là ce qu'est l'esprit et ce que je suis moi-même – *et hoc est animus, et hoc ipse ego sum* » (17, 20). Plus loin, dans le même livre, Augustin dit en s'adressant à Dieu : « Tu es la lumière permanente que je consultais en toutes choses pour savoir si elles étaient, ce qu'elles étaient, quelle valeur il fallait leur donner – *an essent, quid essent, quanti perpenda essent* » (40, 65).

Pour Augustin, la mémoire est ainsi la source de l'esprit, mieux encore l'esprit en sa source, en relation secrète mais réelle avec les *rationes aeternae* de l'intellect divin. L'esprit n'est donc pas la *tabula rasa* de l'intellect d'Aristote, il est déjà équipé et structuré par les archétypes et les valeurs qui rendent possible l'évaluation de l'expérience. La mémoire représente ainsi l'*apriorité* de l'esprit d'où émanent la pensée et l'action ; c'est cette particularité qui justifie l'idée que la mémoire est l'image du Père.

2. *Mémoire et recherche de Dieu*

Augustin envisage d'abord le problème de l'oubli, avec des considérations subtiles. L'oubli est une privation de mémoire, et comme tel révèle le mystère de la mémoire et de l'esprit lui-même (16, 25). Quant à la solution du problème, elle tient essentiellement en ceci : l'oubli n'est jamais total ; la chose oubliée (un nom, un objet ou un fait) appartient toujours à un ensemble conservé dans la mémoire ; il suffit le plus souvent de reconsidérer cet ensemble pour la retrouver (16, 19 : 19, 28-29).

L'analyse de la mémoire n'est cependant qu'une étape vers la connaissance de Dieu, objet de la première partie du livre 10. « Je dépasserai (*transibo*) cette puissance en moi qu'on appelle mémoire, puisque je veux t'atteindre autant que tu peux être atteint et adhérer à toi autant que c'est possible. » (17, 26; *transibo* est répété cinq fois dans ce paragraphe) Mais ici surgit un paradoxe : Dieu doit être trouvé *au-delà* de la mémoire et en même temps *dans* la mémoire et *par* elle. Dieu ne se révèle pas directement à la mémoire mais de manière indirecte, sous le couvert d'un désir essentiel qui, tout à la fois, le recèle et le cache. Chercher Dieu, c'est d'abord chercher la vie heureuse (*uitam beatam*) ; en efet, « tous la veulent et il n'est personne qui ne la veuille... Assurément nous voulons tous être heureux[3] ». Or les hommes se trompent sur ce qu'est le bonheur : le bonheur véritable consiste à « se réjouir pour toi, de toi, à cause de toi – *gaudere ad te, de te, propter te* » (22, 32) ; c'est encore « la joie qui vient de la vérité » (23, 33). Sera donc heureux « celui qui trouve sa joie dans la seule Vérité par laquelle toutes choses sont vraies » (23, 34). Cette formule évoque la conclusion de la preuve de Dieu dans *Du libre arbitre* (2, 13, 12), où Augustin précise qu'il ne s'agit pas d'une vérité abstraite, mais « de la Vérité devenue homme qui, parlant avec les hommes, se révèle à ceux qui croient ».

Ainsi, Dieu est bien, en un sens, dans la mémoire puisque la volonté de bonheur présente en elle dès l'origine est implicitement volonté de

[3] Cette formule vient de Platon (*Euthydème* 278a) ; elle a été reprise dans le *Protreptique* d'Aristote (fr. 3-4 Walzer), d'où elle est passée dans l'*Hortensius* de Cicéron (fr. 36 Müller).

l'atteindre ; mais, en un autre sens, il est *au-dessus* d'elle puisque Dieu doit se dévoiler pour que la mémoire apprenne qu'il est son véritable bonheur. La découverte de Dieu se fait donc en ce lieu non spatial où la mémoire reconnaît qu'elle le porte dans son désir. Là, Dieu est connu et nommé parce qu'il se fait connaître et se nomme. En ce point, ou ce moment capital, la mémoire se dépasse en même temps qu'elle s'accomplit : « Depuis que je t'ai appris, je ne t'ai pas oublié ; en effet, là où j'ai trouvé la vérité, j'ai trouvé mon Dieu, la Vérité même ; et depuis que je l'ai apprise je ne l'ai pas oubliée » (24, 35). « Où donc t'ai-je trouvé pour t'apprendre sinon *en toi au-dessus de moi ?* » Mais cet « en toi » se dérobe à toute localisation (*nusquam locus*) : « O Vérité, tu sièges partout pour tous ceux qui te consultent et tu réponds à tous à la fois, même s'ils te consultent sur des sujets différents. » (26, 37) Vient alors la célèbre exclamation lyrique : « Bien tard je t'ai aimée, beauté si ancienne et si nouvelle ... », dont Pierre Courcelle a suivi les traces dans de très nombreux écrivains, jusqu'à Ernest Renan dans sa *Prière sur l'Acropole*[4].

3. La mémoire image du Père

Dans *La Trinité,* Augustin considère les trois puissances comme une voie d'approche vers la connaissance du mystère des Trois Personnes. Comme l'a bien vu J. Moingt, « Ce serait s'exposer à de graves incompréhensions de ne retenir des analogies augustiniennes que des "théories psychologiques" coupées de l'ontologie dynamique qui les porte » (BA 16, n. compl. 63, p. 657).

En 10, 11, 18, Augustin affirme l'unité essentielle des trois puissances : elles ne sont pas « trois vies, trois esprits, trois substances, mais *una uita, una mens, una substantia* » , elles sont trois cependant en vertu de leur relation mutuelle, égales dans leur interaction, chacune impliquant et enveloppant les deux autres. En 11, 7, 11- 8, 15, cette interaction est saisie dans la *cogitatio,* activité constructrice de l'esprit. Mais cette analyse a pour but de préparer une démarche ultérieure « où

---

[4] P. Courcelle, *Les Confessions de saint Augustin dans la tradition littéraire,* Études augustiennes, Paris 1963, voir p. 718 l'index des citations.

des réalités plus intérieures et plus vraies (*interiora et ueriora*) seront vues avec plus d'entraînement et de certitude » (6, 11).

C'est dans les livres 14-15 qu'Augustin aborde ces *interiora et ueriora.* Ici la réflexion prend une valeur théologique, parce qu'elle s'appuie sur la doctrine biblique de l'image et ressemblance (*Gen.* I, 26-27). La transition est nettement marquée par un *Nunc uero* : « Maintenant donc nous sommes arrivés à cette phase de notre recherche où nous avons entrepris de considérer la partie la plus haute de l'esprit humain (*principale mentis hmanae*), par laquelle il connaît Dieu ou peut le connaître, afin d'y découvrir l'image de Dieu. » (14, 8, 11)

Même lorsqu'elle est défigurée et déformée en raison de la faute originelle ou des péchés personnels, l'image de Dieu persiste dans l'esprit : « il est assurément image parce qu'il est capable (*capax*) de lui et peut en devenir participant (*particeps*) » (ibid.). Cette distinction entre *capax* et *particeps* est importante : l'homme qui reste à l'état de capacité possède déjà sa dignité foncière, mais il n'est pas encore en relation actuelle avec Dieu. Le passage de la capacité à la participation se fait lorsque l'esprit prend Dieu lui-même comme objet de ses actes de mémoire, de connaissance et d'amour (12, 15) ; il s'agit d'actes volontaires et conscients, même s'ils peuvent devenir une attitude habituelle imprégnant toute la vie spirituelle.

La considération de la mémoire comme image du Père vient seulement à la fin du livre 15, conjointement avec celle de l'intelligence comme image du Fils et de la volonté comme image de l'Esprit. Augustin commence par souligner fortement la différence irréductible entre l'homme et Dieu : « L'homme qui possède ces trois puissances est une seule personne ; en Dieu, il y a trois personnes : le Père du Fils, le Fils du Père, l'Esprit du Père et du Fils ». Il ajoute pourtant aussitôt : « La mémoire humaine, et singulièrement cette mémoire que n'ont pas les bêtes, c'est-à-dire la mémoire des notions intelligibles qui ne viennent pas des sens, comporte à sa mesure une similitude du Père, incomparablement inadéquate sans doute et cependant réelle en quelque façon – *similitudinem incomparabiliter quidem imparem, sed tamen qualemcumque similitudinem Patris.* » (15, 23, 43). On ne saurait trop insister sur les réserves que formule Augustin. Au moment où il affirme la ressemblance, il accentue la différence. Le mystère n'est donc pas évacué, mais une voie d'approche fait qu'il n'est plus irrationnel ; il laisse déjà percer un rayon de lumière pour celui qui croit et qui aime.

II. Survie au Moyen Âge

À cette époque, d'autres divisions des puissances de l'âme se sont ajoutées à celle d'Augustin : celle de Boèce (mémoire, raison, jugement moral), celle de Jean Damascène (raison, liberté et volonté, activité). Pour des renseignements plus complets, on se reportera à l'art. précité du *DS*, col. 999-1002. Sur les premiers siècles médiévaux, l'art. de M. Schmaus : « Das Fortwirken der augustinischen Trinitätspsychologie bis zur karolingischer Zeit », dans *Vitae et Veritati* (Festchrift K. Adam), Düsseldorf 1956, p. 44-56, offre une excellente documentation. Je me limiterai ici à deux auteurs chez qui l'imprégnation augustinienne est nettement discernable.

Au 12ᵉ siècle, les grandes œuvres d'Augustin sont largement utilisées ; leur influence a été bien étudiée par Robert Javelet (*Image et ressemblance au 12ᵉ siècle*, 2 vol. Paris 1957, voir les tables ana lytique) Guillaume de Saint-Thierry mérite d'être signalé en premier lieu. Dans un écrit de jeunesse, *La nature et la dignité de l'amour*, il condense à sa manière la pensée d'Augustin : Dieu a formé l'homme à son image en lui insufflant son haleine de vie (*Gen.* 2, 7) ; dans la citadelle de l'âme, il a placé en premier la *uis memorialis* « pour que l'homme se souvienne sans cesse de la puissance et de la bonté de son créateur ». La mémoire engendre aussitôt la raison, puis mémoire et raison produisent la volonté. Et afin que l'âme raisonnable soit unie à la Trinité, « le Père revendique pour lui la mémoire, le Fils la raison, l'Esprit la volonté » (PL 184, 582 BC). Voir encore *Sur le Cantique* 88-89, *SC* 87, p. 208-211 ; *Lettre aux Frères du Mont-Dieu* 249-250, *SC* 223, p. 342-345.

Au 13ᵉ siècle, Bonaventure est aussi fortement marqué par la lecture attentive d'Augustin[5]. Il l'utilise d'abord dans son *Commentaire des*

---

[5] J'ai développé le § du *DS* sur Bonaventure dans les Mélanges Bougerol ; cf. A. Solignac, « Memoria chez Bonaventure », dans *Bonaventuriana. Miscellanea in onore di Jacques Guy Bougerol*, Ed. Antonianum, Rome 1988, p. 477-492. Cet article est déparé par

Sentences. La dist. 3 du livre I traite de la *cognoscibilité de Dieu* à travers les créatures. En tant qu'image, la créature raisonnable représente Dieu d'une manière plus parfaite parce que Dieu n'est pas seulement la cause, mais aussi l'objet (*obiectum*) de ses actes. Il déclare à ce propos que « la mémoire correspond au Père » (éd. Quaracchi, t. 1, p. 8 1 b ; la même affirmation est reprise au 1. II, dist. 25, à propos du libre arbitre ; t. 2, p. 597a). Dans la dist. 16 du livre II, Bonaventure cherche *si et comment* l'homme est créé à l'image de Dieu. Il déclare d'abord que, dans l'univers, l'homme est la seule créature qui puisse être assimilée à Dieu de manière expressive (*expresse assimilari*). Puis, après avoir nié la ressemblance de l'homme à Dieu selon sa nature, il analyse la double « convenance » entre l'homme et Dieu selon l'ordre et la proportionnalité (j'ai traduit ces textes dans l'art. *Image et ressemblance, DS,* t. 7, col 1441-1442). Bonaventure conclut en posant un rapport de proportion que l'on peut exprimer ainsi : *La triade des puissances est à l'unité de son essence ce que la Trinité des Personnes est à l'Unité de l'Essence divine* (t. 2, 395).

C'est dans l'*Itinéraire de l'esprit vers Dieu*[6], fruit d'une retraite sur le mont Alverne pour le 33e anniversaire de la mort de saint François (octobre 1259), que Bonaventure expose ses vues les plus profondes sur la rencontre de Dieu dans son image qu'est l'homme (ch. III). Bonaventure y décrit d'abord l'opération de la mémoire, puis en tire des conclusions spirituelles. Le § 2 vaut d'être cité, car on y trouve un résumé des idées d'Augustin mêlées à des formules aristo-téliciennes.

> « L'opération de la mémoire est de retenir et représenter non seulement les choses présentes, corporelles et temporelles, mais encore les choses qui se succèdent, celles qui sont simples et éternelles. La mémoire retient les choses passées par le souvenir, les choses présentes par la perception, les choses futures par la prévision. Elle retient encore les notions simples (*simplicia*), par exemple les principes des quantités continues et discontinues, tels que le point, l'instant l'unité ; sans ces

---

de nombreuses fautes d'impression ; le lecteur averti pourra le plus souvent les corriger.

[6] S. Bonaventure, *Itinéraire de l'esprit vers Dieu,* texte de Quaracchi ; introd., trad. et notes de H. Duméry, Librairie Vrin, Paris 1956.

notions en effet il est impossible de se rappeler ou de penser celles qui en découlent. Elle retient également les principes et les axiomes (*dignitates*), en tant que toujours valables et de façon durable (*ut sempiternalia et sempiternaliter*), car elle ne peut jamais les oublier, tant qu'elle use de sa raison, mais les approuve et leur donne son assentiment, une fois qu'elle les a appris.

Par la première (opération), conservation actuelle de toutes les choses temporelles, passées, présentes et futures, la mémoire porte l'empreinte (*effigiem*) de l'éternité, dont le présent indivisible enveloppe tous les temps. La seconde montre que la mémoire n'est pas seulement informée par les phantasmes, mais qu'elle l'est aussi par ce qui lui est supérieur, du fait qu'elle possède en elle les formes simples qui ne peuvent entrer en elle par les portes des sens ni par les images des choses sensibles. La troisième permet de conclure que la mémoire contient une lumière immuable qui lui est présente, en laquelle elle se souvient des vérités invariables.

Et ainsi, par l'opération de la mémoire, il apparaît que l'âme est image et ressemblance de Dieu, à tel point présent en elle qu'elle le perçoit en acte (*actu capit*) et, par cette puissance, est capable de lui et peut participer à lui. » (éd. Quar., t. 5, p. 303a-304a)

Dans les §§ 3-4, Bonaventure analyse les rapports actifs de la mémoire avec l'intelligence (*uis intellectiua*) et la volonté (*uis electiua*) ; puis, en finale du § 5, il recueille les résultats de ses réflexions :

« Ainsi donc, tandis qu'il se considère, l'esprit humain (*mens humana*) s'élève par lui-même, comme par un miroir, à la contemplation de la bienheureuse Trinité du Père, du Verbe et de l'Amour. Ce sont trois Personnes coéternelles, coégales et consubstantielles : chacune est en chacune des autres, sans pourtant que l'une soit l'autre, et toutes les trois sont un seul Dieu. » (305b)

L'originalité de la conception augustinienne de la mémoire est que celle-ci n'est pas uniquement un réceptacle des souvenirs du passé, mais, plus profondément, « l'esprit en sa source ». Cette « théorie » a-t-elle seulement un intérêt historique ou, de surcroît peut-elle inspirer la réflexion des penseurs de notre temps ? Je n'ai pas compétence pour répondre à cette question. Il reste cependant qu'Augustin a le mérite de voir dans la mémoire une activité fondamentale de l'esprit. Au plan individuel, elle rend possible la connaissance de soi-même et le développement de la pensée. Au plan social, on pourrait dire qu'elle rend possible l'histoire, mémoire de l'humanité. Or l'humanité ne peut se construire sans réflexion sur les apports du passé, qu'ils soient positifs ou négatifs.

Aimé SOLIGNAC s.j.
20, rue Sala
69002 LYON

PAYSAGES DE LA MÉMOIRE

La mémoire et le sens du temps sont l'objet de représentations spatiales en un système de signes formels.

La mémoire suppose d'abord un rapport entre le passé et le présent, et selon la conception typologique qui prévalait à la Renaissance, une construction cohérente où l'Ancien Testament préfigure le Nouveau, qui y renvoie. Tout événement présent renvoie à son type dans le passé, et c'est dans ce cadre de rappels qu'il faut concevoir la mémoire. Les formes spatiales qui rendent cette chronologie impliquant l'articulation entre deux espaces en relation, dont notamment l'artifice du « tableau dans le tableau » . Un vidéofilm produit par la National Gallery en 1993 pour accompagner l'exposition sur ce sujet montre comment, sur un tableau représentant l'une des deux ères, des motifs intérieurs rappellent l'autre. Dans ce tableau de l'Ecole de Cologne dû au Maître de la Vie de la Vierge, la scène principale est la Présentation au Temple ; elle se passe devant un retable qui représente des scènes de l'Ancien Testament préfigurant le Nouveau Testament, comme le Sacrifice d'Isaac ; et l'Antiquité classique est associée à cette histoire universelle puisque l'étole du prêtre représente la scène légendaire où la Sibylle de Tibur, à l'Ara Caeli près du Capitole, aurait montré à l'empereur Auguste une vision de la Vierge portant l'Enfant Jésus. Toute scène est donc un souvenir d'une scène antérieure qui était une annonce.

*

L'espace était une image du temps par le moyen de l'art de la mémoire, qui consistait à associer la suite d'idées dont on voulait se souvenir à une structure architecturale. Or les formes qui servaient ainsi de support avaient des sens précis. Ces procédés de mémoire se distinguaient en « ars rotunda » et « ars quadrata » – l'« ars rotunda » étant plus élevée, se servant de notions abstraites comme objets de mémoire ; c'est celle qui est symbolisée par le « théâtre de la mémoire » tandis que l' « ars quadrata » utilise des souvenirs d'objets concrets[1]. Cette distinction relève de la symbolique des formes géométriques : débats sur la quadrature du cercle, passage du carré du transept à la coupole dans les églises, qui est une ascension de l'élément carré (la terre, symbolisée par un cube) vers la perfection circulaire.

*

L'art de la mémoire intérieure s'accorde avec le sens des formes architecturales dans la mémoire historique. Les schémas selon lesquels sont faits les bâtiments sont un rappel d'architectures modèles, les formes quadrangulaires et les formes rondes y ayant une signification essentielle. Ces modèles étaient souvent des références à Jérusalem[2] les formes quadrangulaires étant celle des salles à colonnes du Temple tel qu'il est reconstruit en supposition par les érudits, et les formes rondes étant celle de la Coupole.

Ces formes peuvent être reprise dans des bâtiments, qui sont ainsi une mémoire devenue présente : ce sont les controverses sur la forme des églises, dont le plan centré qui fut parfois tenté, d'abord dans les chapelles inspirées du Saint-Sépulcre, puis à partir de la Renaissance – changements de plan de St Pierre et tous les cas analogues qui suivirent.

*

Elles se trouvent aussi dans l'architecture représentée. Les tableaux de scènes bibliques contiennent des bâtiments octogonaux qui rendent présents la perfection (l'octogone se rapprochant du cercle qui est le passage à la limite du polygone).

Un cas célèbre, le *Sposalizio* de la Brera (par Raphael, 15), met la scène devant un temple octogonal, placé sur un dallage en damier. Mais cette association de formes représentées dans le sens de la

---

[1] Frances Yates, *The Art of Memory* (London : Routledge, 1966).

[2] Helen Rosenau, *Vision of the Temple* (London : Oresko, 1979).

profondeur est aussi secrètement présente dans les formes de composition : le demi-cercle du haut du tableau a un centre placé sur le fronton au-dessus de la porte, et si on traçait un cercle symétrique dans la partie quadrangulaire du bas, le centre de chaque cercle serait sur le bord de l'autre, le centre du deuxième et l'arc du premier soulignant les mains qui sont le sujet du tableau : le temple est en correspondance avec la scène principale.

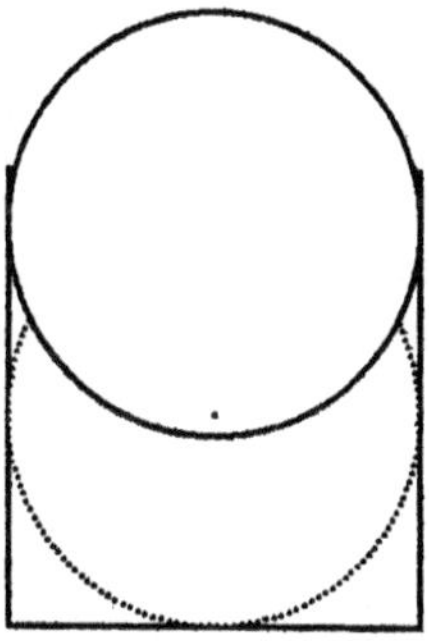

L'architecture est en soi une référence temporelle, et le tableau par sa construction souligne encore la relation entre les moments de l'histoire sacrée.

*

Dans les représentations de la mémoire comme faculté de l'esprit, l'espace a une orientation. L'image de la mémoire dans l'*Utriusque Cosmi ... Historia* de Fludd (1619) comporte un personnage au regard tourné vers l'arrière, position anormale qui évoque les allégories de la Prudence regardant le passé et l'avenir grâce à son miroir, supposant un espace multiple..

La construction en profondeur de l'espace se développa souvent dans les paysages mélancoliques évoquant le temps : les paysages développés comme arrière-plan apparaissent dans les tableaux qui suggèrent la conscience du temps : une gravure de Campagnola avec Chronos, un portrait de dame avec un crâne à ses pieds.

*

Les évocations du souvenir en musique diffèrent selon qu'elles sont lyriques ou philosophiques. Le morceau de Dowland « Flow not so fast, ye fountains » (1603) donne plusieurs variations sur le thème du temps et du rythme, pour les opposer finalement au chagrin qui subsiste dans le souvenir. La fontaine est évoquée par des répétitions, mais
« true grief will still remain » par une descente expressive de la dominante à la sous-dominante.

Les morceaux philosophiques se servent de la tonique pour maintenir une référence au temps, ainsi dans « Time stands still » toujours de Dowland avec plusieurs retours à la tonique dans les évocations du temps. Orlando Gibbons, dans « What is our Life » (1612) d'après le poème attribué à Sir Walter Ralegh, pour les mesures où l'oubli après la mort est comparé au rideau tiré après un pièce de théâtre, tourne autour de la tonique comme si c'était une fin (quoiqu'elle soit provisoire).

Marie-Madeleine MARTINET

LA MÉMOIRE DE L'HISTOIRE : LES TRIOMPHES DE LA CITÉ DE LONDRES

A l'époque élisabéthaine, le 29 octobre de chaque année, les Londoniens s'adonnaient à une liesse collective à l'occasion de l'intronisation de leur nouveau lord-maire. Au lendemain de son élection, le lord-maire accompagné de son escorte, se rendait à Westminster afin d'y prêter serment. Il retournait ensuite dans la Cité, au Guildhall, où l'on avait dressé un banquet à son intention. Les diverses étapes de son trajet étaient ponctuées de tableaux vivants, déployés sur des chars appelés *chariots* ou *pageants*, afin de lui rendre hommage et, sur un mode plus didactique, de lui rappeler ses devoirs envers la Cité et ses habitants au cours de son mandat.

Ces fêtes civiques virent le jour vers le milieu du seizième siècle. Elles remplaçaient les Midsummer Shows, fêtes semi-religieuses, qui avaient eu lieu chaque année à la Saint-Jean.

Ces festivités étaient organisées à la même date tous les ans, au lendemain de la fête de Saint Simon et Saint Jude, sauf en cas de force majeure, comme par exemple en 1605, lorsqu'un orage endommagea les décors de la fête qui dut alors être reportée à la Toussaint (All Hallows' Day). En 1625, aucune célébration festive ne marqua l'élection de Sir Allen Cotton aux fonctions de lord-maire en raison de la mort du roi Jacques Ier et des ravages de la peste dans la capitale. Son intronisation ne fut pas accueillie cette fois-là par un spectacle de liesse, mais par le défilé des spectres de la mort, « Death's pageants » :

> The truly generous and worthy Sir Allen Cotton, Knight, a bounteous and a noble housekeeper, one that hath spent the year of his magistracy to the great honour of the city (...) hath raised up a fair lasting memory to himself and his posterity forever ; at whose happy inauguration, though triumph was not then in season – Death's pageants being only

advanced upon the shoulders of men – his noble deservings were not thereby eclipsed[1].

En dehors de ces événements extraordinaires, les triomphes de la Cité étaient fastueux, grandioses et, d'une année sur l'autre, toujours plus extravagants. Les frais de la fête incombaient à l'une des douze compagnies à livrée dont était issu le nouveau lord-maire, comme celle des drapiers, des merciers, des poissonniers, des peaussiers, des quincailliers, etc... S'instaurait alors une émulation, une rivalité, chaque compagnie ayant la volonté de surpasser les spectacles précédents. « C'était le jour de gloire de la bourgeoisie et des corporations »[2], le jour où Londres étalait sa richesse, sa prospérité et sa puissance en présence de ses propres habitants et des visiteurs étrangers. La ville donnait à voir ce jour-là au monde et à elle-même sa réussite économique, ce qui confortait les notables et émerveillait les petites gens :

> Tryumphes, are the most choice and daintiest fruit that spring frome Peace and Abundance ; Love begets them ; and Much Cost brings them forth. (...) So inticing a shape they carry, that Princes themselves take pleasure to behold them ; they with delight ; common people with admiration[3].

A l'origine, ces spectacles se déroulaient uniquement sur la terre ferme, mais un divertissement sur la Tamise vint plus tard compléter les festivités terrestres. Le succès de ces triomphes a atteint son apothéose sous le règne de Jaques Ier. Ils connurent néanmoins un déclin dans leur inspiration et leur ingéniosité sous le règne de son successeur, Charles Ier.

---

[1] Les références aux Triomphes de Thomas Middleton sont tirées de *The English Dramatists : Thomas Middleton*, vol. VII, A. H. Bullen ed., Londres, 1886.

Les références aux Triomphes de Thomas Heywood sont tirées de *The Dramatic Works of Thomas Heywood,* vol. IV, New York, Russell and Russell, 1964.

Thomas Middleton, *The Triumphs of Health and Prosperity*, 1626, pp. 407-408.

[2] François Laroque, *Shakespeare et la fête*, Presses universitaires de France, 1988, p. 61.

[3] Thomas Dekker, *Troia-Nova Triumphans*, *The Dramatic Works of Thomas Dekker,* vol. III, Fredson Bowers ed., 1958, p. 230.

Les triomphes étaient constitués d'allégories morales dans lesquelles les vertus personnifiées conspuaient les vices. Ces spectacles étaient plutôt statiques à l'origine, chaque personnage devant prononcer un discours au passage du lord-maire, mais au fil des années, une véritable intrigue dramatique se noua au cœur du divertissement, autour du personnage de Londres qui apparaissait sous les traits d'une femme d'un certain âge, ses longs cheveux blancs tombant sur ses épaules. Cet âge avancé et cette chevelure argentée étaient les signes des soucis dont elle devait supporter le fardeau. Elle s'adressait au nouvel élu :

> Look at my age (...)
> And then begin to think upon thy office,
> See how on each side of me hangs the cares
> Which I bestow'd on thee, in silver hairs[4].

Elle est parfois la mère du nouveau lord-maire[5] qui devient ainsi le plus illustre de ses fils, ailleurs elle est la mariée, l'épouse « a loving spouse »[6] de celui qui doit lui jurer fidélité absolue le temps de son mandat. Autour du personnage de Londres, se rangent d'un côté les forces du bien comme la Vérité, la Vertu, l'Innocence ou encore le Zèle, et leur faisant face les forces du mal : l'Envie, l'Ignorance, la Paresse, l'Oppression, le Dédain et d'autres encore. Le lord-maire s'incarne en chevalier prenant la défense de Londres qui doit livrer bataille à ses ennemis, à tous ceux qui peuvent lui nuire. Le nouvel élu doit se consacrer corps et âme à sa tâche comme un père soucieux du bien-être de sa progéniture et à cette condition, il pourra acquérir une renommée durable, enfin, tel le commandant d'un vaisseau, il doit naviguer dans des eaux troubles et dangereuses en quête de gloire et d'honneur.

---

[4] Thomas Middleton, *The Triumphs of Truth*, 1613, p. 237.

[5] Thomas Middleton, *ibid.*, p. 236.

[6] Thomas Middleton, *The Triumphs of Love and Antiquity*, 1619, p. 330.

You are our Jason, London's glorie,
Now going to fetch that Fleece of Fame
That ever must renowne your name[7].

Au cœur de l'action des triomphes les rôles principaux étaient assurés par des personnages tels que le Temps ou bien les Temps Anciens (Antiquity) parfois encore la Mémoire et la Renommée, le regard tourné à la fois vers le passé et vers l'avenir. Il s'agissait ici de rappeler au nouvel élu non seulement l'immensité et la noblesse de sa tâche mais encore la dignité et l'ancienneté de sa charge. Les triomphes marquent le devoir de mémoire et déroulent chaque année la litanie des noms de ceux qui ont exercé auparavant les plus hautes fonctions civiques au sein de la Cité afin que leur exemple puisse servir de guide à qui vient d'en accepter la charge. La leçon des temps révolus doit guider la conduite des affaires présentes et futures, la mémoire historique doit assurer la pérennisation du bon gouvernement, elle en est la garantie primordiale et le nouveau maire a le devoir de perpétuer le noble héritage qui lui est échu.

*

A partir des années 1580, des dramaturges connus se virent étroitement associés aux triomphes de la Cité : George Peele, prenant la relève de son père James Peele, Anthony Munday, Thomas Middleton, Thomas Dekker, Thomas Heywood et John Webster furent chargés d'écrire les textes de ces spectacles. Je voudrais m'intéresser surtout ici aux textes d'Anthony Munday et de Thomas Middleton. Munday avait une activité débordante et variée, il était dramaturge, auteur de ballades, pamphlétaire et traducteur. Il accumulait et louait costumes et accessoires pour spectacles de rue. Par ailleurs il semble qu'il eut des activités d'espion et qu'il fut aussi chargé de la confiscation des biens appartenant à des récusants. Cette dispersion et ces activités parfois louches n'ont sans doute pas amélioré l'image du personnage et ont peut-être nui au sérieux de ses mises en scène. A tel

---

[7] Anthony Munday, *Metropolis Coronata*, 1615, dans *The Progresses of James I*, vol. III, Nichols ed., Londres 1828, p. 111.

point qu'une année, en 1609, la compagnie des quincailliers différa le paiement de son cachet, n'ayant pas été satisfaite de sa prestation. Il lui fut reproché la nature bâclée du spectacle. Les enfants qui participaient aux festivités ne connaissaient pas leur texte et les costumes étaient vieux et râpés :

> The children weare not instructed in their speeches (...) the Music and singinge weare wanting, the apparell most of it old and borrowed...[8]

Anthony Munday participa à une quinzaine de triomphes entre 1602 et 1623[9] et Thomas Middleton prit part régulièrement aux spectacles de 1613 jusqu'en 1627, l'année de sa mort. Les deux hommes furent à plusieurs reprises associés en même temps à l'ordonnancement des festivités en 1623 par exemple : cette année-là Munday avait la responsabilité du spectacle fluvial intitulé *Les Triomphes de la Toison d'Or* tandis que Middleton avait en charge le spectacle terrestre, *Les Triomphes de l'Intégrité.* Il s'agissait cependant d'une participation conflictuelle si l'on en croit les quelques remarques que Middleton ne manquait pas de glisser dans certains de ses textes. En 1613 dans le prologue des *Triomphes de la Vérité*, il qualifiait Munday d'« impudent common writer » qui n'était pas à la hauteur de la tâche qui lui était impartie. Il poursuivait :

> It would heartily grieve any understanding spirit to behold, many times, so glorious a fire in bounty and goodness offering to match itself with freezing Art, sitting in darkness, with the candle out, looking like the picture of Black Monday[10].

Du point de vue de Middleton, Munday avait ainsi réussi, par la pauvreté de son art, à rendre terne et plat un spectacle qui devait enluminer la gloire de la Cité.

---

[8] Anthony Munday, *Chruso-thriambos or the Triumphs of Gold*, 1611, J.H.P. Pafford ed., University of London, 1962, p. 49.

[9] David Bergeron, *English Civic Pageants* 1558-1642, Edward Arnold, 1971, p. 140.

[10] *The Triumphs of Truth*, p. 233-234.

De même en 1619 dans *Les Triomphes de l'Amour et de l'Antiquité*, Middleton se moque de certains spectacles précédents, œuvres de Munday « wherein Art hath been but weakly imitated and most beggarly worded... »[11]. Une pointe de plus à l'encontre de son rival. Dans la pièce de Ben Jonson, *The Case is Altered*, Munday apparait sous les traits d'Antonio Balladino « The Pageant Poet to the City of Millaine »[12] qui se complaît dans des intrigues éculées, Ben Jonson visant ainsi à tourner en ridicule le modèle à l'origine du personnage. "Millaine" ou Milan s'y substitue à la Cité de Londres et Balladino s'exclame dans la deuxième scène de la pièce, « I do use as much stale stuffe, though I say it my selfe, as any man does in that kind I am sure »[13]. Il faut bien reconnaître que Munday n'était parfois guère subtil. A titre d'anecdote, on peut citer entre autres son interprétation étymologique autour du nom de James Pemberton, le nouveau maire qu'il honorait en 1611. Dans une supposée langue ancienne, saxonne ou bretonne, "Pem" aurait signifié "tête", "ber", "brille" et "ton" "ville". Pemberton était ainsi destiné à illuminer la Cité de Londres : « A bright head of this famous Citty »[14].

Anthony Munday était l'objet des moqueries et du mépris de ses pairs, mais il est indéniable qu'il portait une énergie et un enthousiasme certains à ses compositions en l'honneur de Londres. Il se vantait d'être lui-même un enfant de la Cité « a Citie-Child »[15]. Et en vrai londonien il apporta sa contribution à l'édition de 1618 de *l'Etude Topographique de Londres* (*A Survey of London*) de John Stow. Middleton, plus connu sur les scènes de théâtre, s'intéressait également à ces spectacles de rue, et à partir de 1620 il accéda à la charge de chroniqueur officiel de la Cité (*chronologer*). Sa tâche lui conférait la responsabilité "d'inventer" les divertissements à la gloire de la Cité, (son titre officiel était "Inventor of the City's Honorable Entertain-

[11] *The Triumphs of Love and Antiquity*, p. 315.

[12] Ben Jonson, *The Case is Altered, Ben Jonson*, vol. III C. H. Herford et Percy Simpson eds., Oxford Clarendon Press, 1927, I ii 29-30.

[13] *Ibid.*, I ii 48-50.

[14] *Chruso-thriambos*, p. 37.

[15] *Chruso-thriambos*, p. 45.

ments") et la rédaction du journal des événements publics marquants[16].

*

Il plaisait aux auteurs des triomphes d'évoquer l'antiquité de Londres et de remonter aux origines mythiques de la Cité. Selon la légende, le fondateur en était Brutus, l'arrière-petit-fils d'Enée. Dans *Les Triomphes de Britania réunie* écrits en 1605 pour l'intronisation de Sir Leonard Halliday, tailleur de son état, Anthony Munday s'attarde longuement sur ce mythe fondateur devenu populaire :

> Brute thus having the whole land in his own quiet possession, began to build a city, neer to the side of the River Thamesis, in the second yeare of his raigne, which he namde Troynovant (...) which is newe Troy : in remembrance of that famous citty Troy, whence he and his people (for the greater part) were descended[17].

Le roi Jacques Ier était ainsi le nouveau Brutus, mais là où le plus ancien devait diviser son royaume en le partageant entre ses trois fils, le nouveau souverain avait réussi à le réunifier :

> England, Wales and Scotland, by the first Brute severed and divided, is in our second Brute re-united, and made happy Britania again[18].

L'âge moderne s'instruit ainsi de la leçon de l'histoire et corrige les erreurs du passé.

Les dramaturges s'attachaient également à souligner l'ancienneté de la fonction de maire, qui, selon Thomas Heywood dans *Londons Ius Honorarium* (1631), tirait ses origines du gouvernement de Rome. Romulus avait institué un office dont le titulaire, le *praetor* ou le

---

[16] Thomas Middleton, *Femmes, méfiez-vous des femmes*, traduction et introduction de Georges Borias, Les Belles Lettres, 1995, p. xxvii.

[17] Anthony Munday, *The Triumphs of Re-United Britania*, Londres, 1605, sig. A3v.

[18] *Ibid.*, sig. B2r.

praefectus urbis, devait gérer la cité tout comme le maire devait conduire la Cité de Londres. Cependant, on rappelle souvent dans les triomphes les origines anglaises de l'office de lord-maire. On y apprend que c'était Richard Ier, Cœur de Lion, qui avait créé la fonction de premier dignitaire de la ville avant de partir aux Croisades :

> This royall Richard foiled his forces then
> But ere he undertook that holy war,
> This Citty (his cheefe Chamber) did he grace
> With Dignity, beyond the former far[19]

Le roi choisissait lui-même le bénéficiaire de la charge mais son frère Jean fit un pas de plus en accordant aux Londoniens le droit de procéder à l'élection de leur maire :

> John gave the Cittizens free leave to elect
> Yearely their Maior, whom best they should respect[20]

Les personnages des deux rois participaient parfois à la fête et y tenaient une place d'honneur aux côtés des effigies des anciens de la ville et il est souligné ainsi qu'aucune interruption n'est venue perturber la continuité historique dans la pratique de cette élection depuis cette époque lointaine.

Le personnage du Temps était au cœur des triomphes, il était une figure populaire des spectacles de rue, des emblèmes et des pièces de théâtre à l'époque élisabéthaine et jacobéenne. Dans *Le Conte d'Hiver* de Shakespeare (1610) par exemple, le Temps fait son apparition au début du quatrième acte. Il est de son pouvoir de permettre à l'action dramatique de faire un bond en avant dans le temps de seize années. Il a des ailes et porte un sablier tout comme le personnage du Temps dans *Les Triomphes de la Vérité* (1613) de Thomas Middleton :

---

[19] *Chruso-thriambos*, p. 29.

[20] *Ibid.*, p. 30.

> Time (...) attired agreeable to his condition, with his hour-glass, wings and scythe...[21]

Le Temps engendre toute chose, il est « the Begetter and Bringer forth of all things in the world »[22] et, puisqu'il est père de la Vérité, il en rapporte le récit fidèle aux générations futures. C'est lui qui guide la vie des hommes[23], lui qui a amené le maire à ces fonctions qu'il doit exercer pendant l'année de son mandat. Thomas Heywood s'adresse à Christopher Clethrowe, nouvel élu en 1635 en ces mots : « Time, and your Merit, have call'd you to this Office and Honour »[24] et c'est le Temps en personne qui l'accueille lors de son intronisation :

> If Time (some say) have bin here oft in view
> Yet not the same, old Time is each day new,
> Who doth the future lockt up houres inlarge,
> To welcome you to this great Cities charge.
> Time, who hath brought you hither (grave and great)
> To inaugure you, in your Praetorium seate[25].

Dans *Les Triomphes de la Vérité* de Thomas Middleton le personnage du Temps souhaite même suspendre son cours afin de pouvoir savourer plus longuement l'accomplissement de son œuvre :

> O, I could ever stand still thus and gaze !
> Never turn glass again ; wish no more days,
> So this might ever last (...)
> But Time must on[26].

---

[21] *The Triumphs of Truth*, pp. 249-250. Voir également Thomas Dekker, *Troia-Nova Triumphans*, p. 235.

[22] Thomas Dekker, *ibid.*

[23] *Metropolis Coronata*, p. 109.

[24] Thomas Heywood, *Londini Sinus Salutis*, 1635, p. 285.

[25] Thomas Heywood, *Londons Ius Honorarium*, 1631, p. 273. Voir également M-T. Jones-Davies, « La glorification de Londres, ou les triomphes de Troia-Nova », *Les Cités au Temps de la Renaissance*, Jean Touzot, 1977, p. 94.

[26] Thomas Middleton, *ibid.*, p. 250.

Mais le Temps doit effectivement reprendre sa marche et permettre au nouveau maire de poursuivre la grande œuvre initiée par ses prédécesseurs.

Le personnage de la Mémoire joue de même un rôle central dans ces spectacles. Dans *Les Triomphes de l'Intégrité* de Middleton (1623), Mémoire apparaissait juchée sur un char tiré par deux lions, « two pelleted lions »[27], qui portaient l'écusson de la compagnie des drapiers à l'honneur cette année-là. Le choix de ces fauves doit être éclairé par une référence à César Ripa qui en fait l'emblème de la mémoire. Dans son *Iconologie*, il cite ainsi l'exemple du lion qui s'abstint de tuer Androclès lors des jeux du cirque à Rome car il se souvenait, « bien que privez de raison »[28] de la bonne action que l'esclave avait accomplie à son égard en lui retirant une épine de la patte.

La Mémoire est un juge lucide des agissements des hommes jusque dans les temps les plus reculés.

> I am all Memory, and methinks I see
> Into the farthest time, act, quality,
> As clear as if 'twere now begun agen,
> The natures, dispositions, and the men[29].

Elle tient un « registre doré »[30], un « livre volumineux »[31], « a riche rowle of fame »[32] énumérant le nom de tous ceux qui se sont distingués par leur vertu et leurs bonnes actions au cours des siècles écoulés. Le rôle de la Mémoire est parfois doublé par celui des Temps Anciens (Antiquity), un personnage grave et vénérable, ou encore par celui de la Renommée. Les rôles se chevauchent. Ces personnages prennent place le plus souvent sur un char qui a pour nom le Sanctuaire, le

---

[27] Thomas Middleton, *The Triumphs of Integrity*, 1623, p. 389.

[28] César Ripa, *Iconologie*, Paris, 1644, p. 114.

[29] Thomas Middleton, *ibid.*, p. 389.

[30] Thomas Middleton, *The Sun in Aries*, 1621, p. 342.

[31] Thomas Dekker, *ibid.*, p. 240.

[32] Anthony Munday, *Himatia-Poleos or the Triumph of Olde Draperie*, Londres, 1614, sig. B4v.

Château ou la Tour de la Renommée, « Fame's fair Sanctuary »[33] ou bien « Fame's Bright Castle »[34]. Ce sanctuaire d'une splendeur éclatante brille de mille feux[35] qui illuminent symboliquement la mémoire des grands hommes pour la postérité. La trompette que tient la Renommée dans sa main a la même fonction : clamer de tous côtés, le récit des exploits anciens.

Parfois la Mémoire rappelle à l'auditoire le nom des anciens maires de la ville issus de la même compagnie que le nouvel élu. L'on remémore ainsi lors de l'intronisation d'un drapier ou d'un épicier les autres drapiers ou les autres épiciers qui avaient exercé les fonctions de maire au cours des siècles précédents. Souvent la Mémoire ne s'attarde pas sur les activités de ces anciens élus, elle se contente simplement d'en donner la liste nominative et d'indiquer qu'ils ont mérité, grâce à leur vertu, de figurer dans le livre de la renommée, car ces « joyaux de la mémoire », « (these) fair ornaments to memory »[36] en embellissent les pages. D'autres maires ont laissé derrière eux un souvenir plus durable car ils occupèrent leur charge pendant une période plus longue comme Andrew Bockrill, marchand de poivre, qui fut maire durant sept années consécutives à partir de 1231[37], ou comme Gregory de Rokesley, marchand de vin, qui exerça ses fonctions pendant huit ans entre 1274 et 1284[38]. Egalement mis à l'honneur étaient ceux qui avaient apporté des changements considérables à la vie de la Cité ou en avaient amélioré le quotidien. Par exemple, Sir John Poultney, quatre fois maire au début du quatorzième siècle, avait fondé une école dans la paroisse de Saint Lawrence Poultney[39], Sir Thomas Knowles, deux fois maire de la Cité, en 1399 et 1410, avait entrepris de reconstruire le Guildhall à ses propres frais[40] et Sir Henry Barton, maire deux fois au début du quinzième

---

[33] *The Triumphs of Love and Antiquity*, p. 322.

[34] Thomas Middleton, *The Triumphs of Honour and Industry*, p. 303.

[35] *The Triumphs of Integrity*, p. 391.

[36] Thomas Middleton, *The Triumphs of Honour and Virtue*, 1622, p. 363. Voir également *The Triumphs of Integrity*, p. 389.

[37] *The Triumphs of Honour and Industry*, 1617, p. 302.

[38] *Chruso-thriambos*, p. 16.

[39] *The Sun in Aries*, p. 342.

[40] *The Triumphs of Honour and Virtue*, pp. 362-363.

siècle, avait amélioré la sécurité des voyageurs la nuit dans la Cité grâce à l'installation de lanternes dans les rues entre la Toussaint et la Chandeleur :

> That Sir Henry Barton, an honour to memory, was the first that, for the safety of travellers and strangers by night through the city, caused lights to be hung out from Allhollontide to Candlemas ; therefore, in this Sanctuary of Fame, where the beauty of good actions shine, he is most properly and worthily recorded[41].

Enfin, Sir Simon Eyre, maire en 1445, avait édifié à ses frais Leadenhall, un entrepôt à grain pour la Cité[42].

Certains anciens maires jouaient un rôle beaucoup plus significatif dans les festivités lorsqu'ils y participaient sous l'apparence d'acteurs. Anthony Munday utilisait fréquemment le procédé que l'on pourrait qualifier de « resurrection ». Il exhumait de leur tombe les maires des époques antérieures ou les poètes qui en chantaient les louanges. Dans *Sidero-thriambos ou les triomphes de l'acier et du fer* de 1618, un spectacle à l'honneur des quincailliers, Munday, fait revenir du royaume de la mort par le pouvoir de la poésie un « Barde Britannique », « a Brittish Bard that long hath slept »[43]. Le revenant devenu devin annonçait que la lettre H aurait une signification particulière cette année-là pour le gouvernement de Londres. Munday dévoilait ensuite le mystère de son propos : le nom du maire et celui de ses deux shérifs commençaient par la lettre H, le maire se nommant Harvey et ses deux collaborateurs Herne et Hemersley !

Dans *Chruso-thriambos ou les triomphes de l'or*, écrit pour l'intronisation en 1611 de Sir James Pemberton issu de la compagnie des orfèvres, le Temps rappelle à la vie Leofstane, gouverneur de Londres avant même que n'eût existé la fonction de lord-maire. Leofstane pouvait ainsi participer en personne aux festivités en l'honneur du nouvel élu :

---

[41] *The Triumphs of Love and Antiquity*, p. 322-323.

[42] *The Sun in Aries*, p. 342.

[43] Anthony Munday, *Sidero-thriambos or Steele and Iron Triumphing*, Londres, 1618, sig. C2v.

Time had reviv'd me, to attend this day[44]

Dans le même triomphe le cortège du maire passe devant une tombe que le Temps frappe de son bâton d'argent afin que s'en lève son occupant, Sir Nicholas Faringdon, maire de la Cité par quatre fois entre 1308 et 1323. A son réveil Faringdon est en proie à une certaine confusion,

How ? whence or where
May I suppose myselfe ?[45]

mais reprend ensuite ses esprits, félicite son confrère de la compagnie des orfèvres et lui souhaite d'accomplir sa tâche avec succès :

Glad and golden be your daies,
Live in Prince and people's praise :
Honour London with your care,
Study still for her welfare :[46]

Dans *Himatia-Poleos ou les triomphes de la draperie ancienne* de 1614, le personnage de John Norman, drapier et maire de Londres en 1453, dirige les festivités organisées pour l'intronisation d'un autre drapier, Sir Thomas Hayes. On se souvenait de Norman car il avait été le premier à se rendre à Westminster par le fleuve pour y prêter serment alors que ses prédécesseurs s'y rendaient toujours à cheval. On précise que la barge de Norman, affrétée à ses propres frais, était équipée de rames d'argent :

Imagine me to be the true resemblance of olde John Norman, sometime L Maior of this famous Cittie, and the first that devised this water honour, making my Barge at mine owne proper cost, and rowed

---

[44] *Chruso-thriambos*, p. 28.
[45] *Ibid.*, p. 31.
[46] *Ibid.*, p. 32.

> with silver Oares to Westminster, when (as you now) I then went to take mine oath[47].

Dans *Chrysanaleia ou la pêche miraculeuse* (1616) apparaît une tombe sous une tonnelle. Sur cette tombe gît le corps de Sir William Walworth en armes, le personnage de Londres le réveille de son long sommeil, le revenant se relève et s'adresse au nouveau lord-maire en ces termes :

> He that above two hundred years,
> Free from disturbance, cares, and feares,
> Hath silent slept, and rays'd this day,
> To doe what graceful helpe I may
> Unto that band of worthy men,
> That were and are my Brethren.
> And you, grave Fathers of this State,
> Which I myself did propagate
> Twice, as Lord Maior. Oh ! yet to see
> This ancient famous dignity
> Flourish so fairely ; and, as then,
> Blest with as wise and worthy men ;
> Mooves teares of ioy, and bids me call,
> Gods benison light on you all ![48]

William Walworth, deux fois maire de la Cité, en 1374 et 1380 joua un rôle politique particulièrement important sous le règne de Richard II au moment de la révolte des paysans en 1381. A l'occasion d'un décret du parlement créant en 1380 un impôt d'un shilling par tête, les paysans du sud-est de l'Angleterre emmenés par Wat Tyler se soulevèrent et se rendirent en juin 1381 à Londres où le roi consentit à les rencontrer. Lors des pourparlers de Smithfield entre le jeune roi et les rebelles, Tyler « the proud insulting rebel, captaine and ring-leader to all the rest »[49] fut jeté à bas de son cheval et mortellement

---

[47] *Himatia-Poleos*, Londres, 1614, B3r.

[48] Anthony Munday, *Chrysanaleia or the Golden Fishing*, 1616, *The Progresses of James I*, vol. III, Nichols ed., Londres, 1828, p. 202.

[49] *Ibid.*, p. 198.

blessé par Walworth. Celui-ci fut fait chevalier pour son geste au service du royaume menacé. John Stow raconte ainsi l'exploit de Walworth dans son *Etude Topographique de Londres* :

> The Hystorie of William Walworth the Maior of London is well knowne, by whose manhoode and policie, the person of king Richarde the second was rescued, the Citie saved, Wat Tilar killed, and all his straglers discomfited, in rewarde of which service, the Maior and other Aldermen were knighted[50].

Enfin dans *Metropolis Coronata ou les triomphes de la draperie ancienne* de 1615, spectacle en l'honneur des drapiers, Henry Fitz-Alwyn est ressuscité afin d'honorer les réjouissances de sa présence. Fitz-Alwyn occupe un rôle tout à fait unique dans l'histoire de la mairie de Londres. Il fut le premier maire de la Cité et resta au pouvoir pendant vingt-quatre années sans interruption jusqu'à sa mort. Thomas Middleton précise :

> Memory relates
> The noblest of all city-magistrates,
> Famous Fitz-Alwin ; naming him alone,
> I sum up twenty-four lord mayors in one,
> For he, by free election and consent,
> Fill'd all those years with virtuous government[51].

Cependant un certain flou existe à cette époque dans l'historiographie de ce personnage, si souvent évoqué au cours des triomphes. D'aucuns prétendaient qu'il fut nommé maire par Richard Ier et élu par la suite à plusieurs reprises sous le règne de son successeur Jean Ier. La date de sa première prise de fonctions reste néanmoins obscure. John Stow avance la date de 1189 :

---

[50] John Stow, *A Survey of London*, vol. II, C. L. Kingsford ed., Oxford Clarendon Press, 1908, p. 203.

[51] *The Triumphs of Integrity*, p. 390.

> Their I Maior was H. Fitz-Alwin Liefstane, Goldsmith, pointed by the said king, and continued maior from the first of Richard the first, untill the fifteenth of king John, which was 24. yeares and more[52].

Thomas Heywood mentionne la date bien plus tardive de 1210 :

> And the first Praetor or Lord Maior appointed to the Government of the Honorable Citty of London, was Henry Fitz Allwin, advanced to that Dignity, by King John, Anno 1210[53].

Cette dernière datation ne semble guère plausible : si l'on accepte 1212 comme étant la date de la mort du premier magistrat de la Cité, on ne parvient pas au décompte de vingt-quatre mandats successifs. D'autres maires ont eu plusieurs mandats, mais quoiqu'il en soit, aucun autre n'a égalé le record de longévité politique établi par Fitz-Alwyn.

Les origines de Fitz-Alwyn, comme son appartenance à une compagnie donnée prêtent également à confusion. Etait-il orfèvre ou bien drapier ? En 1611 dans *Chruso-thriambos*, Anthony Munday certifiait que Fitz-Alwyn avait appartenu à la confrérie des orfèvres qui voyaient cette année-là un des leurs élevé aux plus hautes fonctions. Munday ne faisait sans doute que suivre ce qu'avançait Stow à cet égard. Néanmoins, trois ans plus tard, alors qu'il était chargé de chanter les louanges de la compagnie des drapiers, Munday se contredit et affirma avec tout autant d'aplomb que Fitz-Alwyn appartenait à cette dernière confrérie. Middleton et Heywood semblent d'ailleurs agréer cette deuxième hypothèse.

Munday se plaisait également à affirmer l'existence de liens de parenté entre Fitz-Alwyn et d'autres personnages connus comme si une parcelle de grandeur avait pu rejaillir sur eux en raison de cette parentèle. Leofstane, qui dirigeait les festivités dans *Chruso-thriambos*, aurait été ainsi le grand-père de Fitz-Alwyn et son personnage dans ce triomphe semble même se confondre avec lui. Et Robert duc de Huntingdon, plus connu sous le nom de Robin des Bois, aurait été le

---

[52] John Stow, *ibid.*, pp. 149-150.

[53] *Londons Ius Honorarium*, p. 270.

gendre de Fitz-Alwyn. Le duc est également rappelé du royaume des morts dans *Metropolis Coronata* :

> It savoureth of Earl Robert de la Hude, sometime Earle of Huntingdon, and sonne-in-law (by marriage) to olde Fitz-Alwine, raised by the Muses all-commanding power to honour this Triumph with his father[54].

Mais en soutenant l'existence de ce lien de parenté entre le premier maire et Robin des Bois, Munday n'est plus en cohérence avec l'une de ses propres pièces de théâtre, *The Downfall of Robert, Earl of Huntingdon* dans laquelle Robin des Bois était le gendre d'un certain Fitzwater et non de Fitz-Alwyn.

Dans ce cas précis la mémoire façonnée de l'histoire et celle d'Anthony Munday défaillent sérieusement. Cependant l'imprécision des détails n'enlèvait rien à la renommée du premier magistrat dont Londres se souvenait chaque année lors de l'élection de son nouveau lord-maire.

*

En faisant revivre les grands hommes du passé grâce à l'entremise du Temps et de la Mémoire, Munday entretenait le flambeau de la gloire de Londres au cours des siècles écoulés. Par des effets relevant de la prestidigitation et des artifices théâtraux, il impressionnait les simples Londoniens qui assistaient au spectacle et il établissait également un lien entre les festivités de rue et le théâtre sur la scène. Fitz-Alwyn, Walworth et d'autres encore revenaient à la vie tout comme Hermione dans *Le Conte d'Hiver*. La rue et la scène se rejoignent dans les thèmes que Munday développait dans ces triomphes. Le royaume que Brutus le fondateur légendaire de la ville de Londres divise entre ses trois fils nous rappelle celui du roi Lear, partagé entre ses trois filles et les dangers ainsi encourus par la division des héritiers rappellent les pièces historiques de Shakespeare.

---

54 *Metropolis Coronata*, p. 112.

Les contributions de Thomas Middleton et surtout celles d'Anthony Munday visaient à vénérer le passé tout en célébrant le présent. L'histoire représentée par Munday est souvent inventée, farfelue, mais le but en est toujours identique : il s'agit de mettre en scène les hommes et les événements marquants d'antan afin que les exploits des anciens servent d'exemples aux nouveaux dirigeants. Le spectacle du passé illustre de la capitale témoigne d'un héritage qui était à la fois l'héritage général de la fonction de maire et l'héritage particulier de chaque corporation, et le nouvel élu se devait d'être à la hauteur de tels ancêtres. Ces exemples de vertu surgis de la mémoire devaient éclairer à l'avenir tous ceux qui assumeraient la charge de lord-maire de la Cité de Londres.

Wendy RIBEYROL

PAPER, INKE AND PENNE : THE LITERARY *MEMORIA* OF THE RECUSANT COMMUNITY

Why do I use my paper, inke and penne
And call my wits to counsel what to say ?

The opening lines of Henry Walpole's poem en the death of Edmund Campion on Ist December 1581 might stand as a summary of the dependence on manuscriipt circulation of the Catholic community over the next twenty-five years. Printing was so heavily controlled for both Catholics and puritan nonconformists that the choice of « inke and penne » serves to represent the repression of a régime which, denied expression to the deepest beliefs of the individuals which were its subjects.

The work now being done by Arthur Marotti,[1] Peter Beall[2] and Henry Woudhuysen[3] has drawn our attention not only te the scale of manuscript circulation in this period, but to the special qualitics associated with it. « The attraction of manuscript circulation lay in the medium's special status, its personal appeal, relative privacy, frecdom from government control, its cheapness, and its ability to make works quickly available to a select audience. »[4]

This poem vividly exemplifies the amount of information hidden in the particularities of each manuscript version. When Stephen Vallenger rattemped to *print* the poem in 1582 ; he was imprisoned, pilloried and, after he had had his cars cut off, died in prison. Three copies of this printed text survive in the British Library where it is found in : *A true report of the martyrdome of M. Campion Jésuite and prieste, and*

---

[1] *Manuscript, Print and the English Renaissance Lyric,* Cornell 1995.

[2] *In Praise of Scribes,* Oxford 1998.

[3] *Sir Philip Sidney and the Circulatian of Manuscripts 1558-1640*, Oxford 1996.

[4] *Ibid.*, p. 15.

M. Sherwin, & M. Bryan preistes, at Tiburne the first of December 1581.[5] This text disappears from view until used as a basis for the 1908 edition of the poem.[6]

The manuscript versions of the poem are even more fascinating. Like most manuscript poems it is unattributed, but tradition has always ascribed it to Henry Walpole, a young barrister of Gray's Inn.[7] Splashed by Campion's blood at his execution he wrote this poem and converted several of his fellow barristers before going abroad to become a Jesuit himself. The poem would have circulated in Gray's Inn, where Swithin Wells, the tutor of the Earl of Southampton, lived until 28 November 1591 when he and Father Edmund Gennings, who was saying Mass in his house, were arrested. They were executed outside the house in Gray's Inn Fields.[8] When Walpole returned to England in 1593 he was immediately arrested, held in the Tower, and brutally tortured by Topcliffe befère being executed in York in April 1595.[9]

In his autobiography, the Jesuit John Gerard describes moving into the cell that had been occupied by Henry Walpole in the Tower:

---

[5] STC 4537, Shelfmark 1370.a.38. There is another copy in the library at Downside, where there is also « L'Histoire de la Mort que R.P. Edmond Campion pretre... a Paris, 1582 ». « This is not a translation of « A true report » but the work of an eye-witness of "toutes ces disputes faites en la tour, the original of Historia de Morte (printed at Louvain). » It does not contain the poem.

[6] J. H. Pollen in his edition of *A Brief Historie*, following the British Library text mentioned above, London 1908, pp. 26-31.

[7] « We know from Father Parsons that Walpole was connected with the bringing out of "The true report" and afterwards had to flee for his life », J.H. Pollen, op. cit. p. xix. Father Christopher Grene has stated that Walpole is « reported to be the writer of the first and second poem » (Stonyhurst MS Collectanca N.i.3) Father Garnet writing on 23 October 1595, states that « before he left the kingdom he had made a poem upon the martyrdom of Father Campion, which was so much taken notice of the public that, the author not being known, the gentleman who published it was condemned by zhe Council to lose his cars. » Quoted in Challoner's *Memoirs of Missionary Priests*, ed. Pollen, London 1924, p. 225.

[8] Geofrrey de C. Parmiter, *Elisabethan Recusancy in the Inns of Court*, Bulletin for the Institute of Historical Research, N° 11, November 1976, p. 43.

[9] The only full account of his life is to be found in Augustus Jessopp, *One Generation of a Norfolk House*, Norwich 1878.

«The next morning I walked round my cell. In its dim light I found the name of the blessed Father Henry Walpole cut with a chisel on the wall. Then, close to it, I discovered his little oratory, where there had been a narrow window. It was now blocked with stonework, but there on either side he had chalked the names of all the orders of Angels. At the top, above the Cherubim and Seraphim, was the name of Mary, Mother of God, and then above it the name of Jesus; above that again the name of God, written in Latin, Greek and Hebrew characters. It was a great comfort to me to find myself in a place sanctified by this great and holy martyr, and in a room where he had been tortured so many times – fourteen in all, as I have heard... I was hardly able to read what he had written [in some meditations... which he wrote in prison before his passion] not only because he had written in haste but because his hand could barely form the letters. It looked like the writing of a schoolboy, not of a scholar and gentleman. Yet he was a courtier before Campion's execution and while he was still a layman wrote some beautiful English verses in his honour, telling how the martyrs blood had brought warmth into his life and many others' too, inspiring them to follow the more perfect way of Christs counsels.[10]

Gerard's account tells us how extraordinarily literary this culture was; Walpole is still writing with chisel and chalk in three different languages. But this is no mere object of hagiographical nostalgia: Walpole's writing is a sad reflection of the effect of torture on his hands, which Garnet observes on his way to execution, and evidence of how different his writing is from, the «confessions» being falsely ascribed to him.[11]

The most dramatic and beautiful of the manuscripts is MS Laud Misc. 755.[12] This is a scroll containing all thirty stanzas in a beautiful secretary hand, bound inside a fourteenth-century manuscript. The obvious intention is that the poem, from its transcription, be concealed from the prying eyes of pursuivants; an additional effect is that the

---

[10] John Gerard, *Autobiography of an Elizabethan*, translated from the Latin by Philip Caraman, London 1951, p. 105.

[11] Philip Caraman, *Henry Garnet and the Gunpowder Plot*, London 1964, pp. 186-7.

[12] SC 1034 (roll). It is this version, presumably, which Jessopp, op.cit., incorrectly describes as the only version existing in the Bodleian Library. There were at least three others, even in 1878.

poem begins its life grafted on to the unfolding scroll of an apostolic tradition. The scroll, small enough to be hidden quickly in the folds of a garment, also carries associations with the ballad tradition; it is not surprising that William Byrd later set the poem to music, after carefully editing out the particular references to Campion.[13]

A glimpse of why anyone might have been cautious about possessing or transcribing this poem comes from the State Papers of 1594.[14] John Bolt was questioned by the Solicitor-General, Edward Coke, and Edward Vaughan. Though a mere musician from Exeter, his possession of the poem had been enough to attract the man who was to prosecute Robert Southwell in 1595, Essex in 1600, and the Powder Treason conspirators in 1605-6. The examination of 20 March 1594 is worth producing in full since it tells us so much about the world of manuscript circulation.

John Bolt's arrest was part of the raid on the night of 15th March on the house in Golden Lane belonging to John Gerard who was on his way there that afternoon when Garnet, on some premonition of danger, «stayed him».[15] John Bolt was one of the four taken and tortured. Golden Lane is a short walk east from Gray's Inn. Bolt, aged 30, admits he

> went last to Golden Lane to fetch a pair of stockings he had left there... the book beginning with, «There is no other name under Heaven», &c, is his and in his handwriting; another entitled «St Peter's Complaint», he borrowed of Mr Wiseman, but does not know the handwriting; another on Campion's matter he copied from one lent to him by Harry Souche, late servant to Mr Morgan, now gone beyond the seas. He had the latter book five or six years, and has not given a copy of it to any one.

---

[13] William Byrd, *Psalmes, Sonets, & Songs of sadnes, and pietie, made unto Musicke of five parts*, 1588. (STC 4253). See also E.-H. Fellowes, *English Madrigal Verse 1588-1632*, 3rd Edition, Oxford 1967, p. 54 and note on p. 684; and Louise Imogen Guiney, *Recusant Poets*, London 1938, who gives the text of Byrd's version with a helpful note on pp. 176-7: «Three stanzas were beautifully set to music by William Byrd in his Psalmes, Sonets and Songs of Sadness and pietie, 1588, (STC 4253) No. 33 sig. F.4v. The words, however, are discrectly modified to make the verses apply to the Martyrs in general. *A true reporte* was a proscribed book.»

[14] *S.P.D. Eliz*, vol. 248, no. 38. first discovered by Augustus Jessopp, op. cit., p. 96.

[15] Philip Caraman, op. cit., pp, 186-7.

On the following day, he

> confesses that certain leaves containing verses beginning with «Why do I use my paper, pen and ink, &C» [sic] and ending with «To Jesu's name» are in his handwriting.» Further examination on the same day by Coke and Vaughan reveals that he «has not been to church for two years. Is a Catholic. Will not answer as to who reconciled him te the Romish Church, nor whether he would defend the Queen and established religion, if the Pope or King of Spain shall invade the land to plant the Romish religion.[16]

This epitome of Elizabethan state paranoia, especially as it reveals the respected Edward Coke prying into men's souls through their verses, also provides an insight into the circulation manuscripts. Edmund Campion had died in 1581; thirteen years later the poem on his death is still being transcribed by John Bolt and held alongside a copy of Robert Southwell's «Saint Peters Complaint», which must have been in manuscript circulation for at least two years. The poetry of this period, passed from hand to hand, carried secretly from house to house, closely associated with the closed worlds of the Inns of Court, Oxford Colleges, and Catholic enclaves like that at Spitalfields, was a vivid response of a world where language had become the clamour of the silenced, the voices not just of «secret love» but of imprisoned intellectuals writing for their «fellows» about that model of martyrdom and exemplar of Renaissance learning, Edmund Campion. No wonder that the Oxford Regius Professor of Divinity complained, « In place of the single Campion, champions upon champions have swarmed to keep us engaged. »[17] Even more striking is the fact that never can copying have been more dangerous: John Bolt's assertion that he had not given a copy of it to anyone makes clear that copying out a poem such as Walpole's was a way of making the «book» enter one's soul. It was also a way of courting fines, imprisonment, and, via the Bloody Question, death.

[16] *S.P.D., Eliz.* vol. 248. nos. 37-39.

[17] Richard Simpson, *Edmund Campion*, Second edition, London 1896, p. 462.

The second manuscript is one which has continued to fascinate scholars. MS. Rawl. poet. 148[18] is an intriguing miscellany of poems bound together with a printed text of Thomas Watson's *Hekatompathia,* written in the hand of John Lilliat, who has also modified the dedication by John Lyly, and written extensively on the front and back papers; there are quotations, dedications, acrostics. It vividly illustrates Peter Beal's comment:

> The manuscript books, and even their texts, are open, still fluid and living, as it were; their clients encouraged to participate, to be themselves engaged in the process of collecting, even writing, as well as reading.[19]

Among the poems copied out is the complete text of Walpole's poem, and another poem on Campion, of nine stanzas, «What iron heart that would not melt in grief?» The text is headed: «A good verse upon a badd Matter», which seems a strange way to begin a transcription of 180 lines of iambie pentameters faithfully and lovingly copied. Perhaps Lilliat is covering himself against government pursuivants here.

The poem with this heading, «A good verse upon a badd Matter» comes at us with all the mystery of a secret code; this is not surprising since it has already cost the printer his ears, and life, and John Bolt imprisonment and torture. John Lyly's dedication to Watson's *Hekatompathia* is equally enigmatic:

> «You have used me so friendly as to make me acquainted with your passions. I will shortly make you privy to mine, which I would be loth the printer should see.»[20]

The DNB says that no such poems can be found, but Lyly could be referring to the Campion poem, especially as the end of the printed

---

[18] SC 15366, fol. 79v. This manuscript has attracted considerable attention recently. Woudhuysen, op. cit., p. 22, cites it as an example of a volume where «manuscript and print are bound together.» Max W. Thomas examines both the malleability of the text and the compiler as reader in «Reading and Writing the Renaissance Commonplace Book: A Question of Authorship», Bodleian Refs. LXXXIX.4.

[19] Peter Beal, op. cit., p. 24

[20] MS. Rawl. poet. 148. fol. 2.

dedication has been overstamped by the name of John Lilliat, whose identity remains uncertain.[21]

The third complete manuscript of Walpole's poem came into the Bodleian collection only in the 1950s. MS. Eng. poet. b.5 is a collection of religious verse in a vellum wrapper measuring 15 by 6 inches: narrow and long like a minstrel's book.[22] Indeed the collection includes a number of carols. In view of John Bolt's interrogation it is interesting to find that the collection includes 32 poems of Southwell alongside Walpole's poem. What is important here is that his collection seems to date from around 1650; both Walpole and Southwell are being transcribed sixty years on, and still bound together in their transcription.

> Could more instances such as that provided by Eng. poet. b.5 be found, one might be able to establish that although by 1650 there had been twenty editions of Southwell's poetry it was still circulating in manuscript.[23]

In this version an entire extra stanza has been added and stanza 28 dropped. A more dramatic second line has been substituted for «And call my wits to counsell what to say»:

> And rack my mind to witnesse what I say.

All the other changes to the poem are minor, and bear witness to the extraordinary fidelity of the transmission of texts by oral and scribal means. The fact that the greatest change comes towards the end of the poem supports the view advanced by J.B. Leishman that an important part of the process of transmission was learning by heart:

---

[21] See Edward Doughtie, *Liber Lilliati: Elizabethan Verse and Song,* Newark 1985. There is a canon of the same name at Christ Church, but there seems no real reason to identify the two.

[22] SC 46318, p. 111.

[23] F.M. McKay in «A Seventeenth Century Collection of Religious Poetry,» *Bodleian Library Record* 8, (1970), 187, quoted by Arthur Marotti, op. cit., p. 47.

> After one or two authentic versions, perhaps with not inconsiderable variants between them, had been circulated, the authors (or the poem's) friends got them by heart, unconsciously modified it in their memories, repeated it or wrote it out for their friends, and... the various versions in commonplace-books and miscellanies have, in varying degrees, a relationship to the original similar to that of the various versions of traditional ballads.[24]

The three manuscripts discussed so far give one a glimpse of the conditions of manuscript circulation in the Catholic community. Nancy Pollard Brown's careful investigation of this phenomenon highlights the difficulties not just of pen and ink, but of paper, and traces much of the paper used both in early printed copies of Southwell and in his manuscripts to the Catholic enclave of Spitalfields. There were considerable difficulties both in obtaining and in concealing stores of paper, and much of the paper used in the early manuscripts and printed texts of Southwell comes from a single source in the centre of paper-making, Troyes[25]:

> The evidence of paper must clearly be treated with caution. Philippe de Bosy – if indeed he was the paper maker – may have had many customers in England for his standard paper. But the recurrence of his watermark in Catholic texts, and specifically in manuscript copies and printed books reproducing Southwell's work, points to a regular supply of paper administered by Henry Garnet.[26]

Garnet's confidence in the value of the dissemination of texts, whether by print or by manuscript, is expressed in a letter to Aquaviva on 16

[24] J.B. Leishman, «You Meaner Beauties of the Night,' A Study in Transmission and Transmogrification,» *The Library,* 4th ser., 26 (1945), quoted by Arthur Marotti, op. cit., pp. 143-144.

[25] «Paperchase: The Dissemination of Catholic Texts in Elizabethan England», *English Manuscript Society*, I (1999) pp. 120-4.

[26] *Ibid.*, p. 139.

April 1596, when he asserted that they had «filled the kingdom with catechisms and other pious books.»[27]

Perhaps the most remarkable manuscript version is in the Arundel Harington manuscript.[28] Sir John Harington and his father, John Harington of Stepney, put together some of the most important manuscript compilations of Tudor poetry, and both moved in court circles close to the Queen.

> «But of Campion, though he had the death of a traytor, yet there was an epitaph written fitt for a martyr, and in my father's judgement, who as I presume to say could both write well and judge well, it was the best English verse, and the last English verse, that ever he redd. Yet I will say for him, truely he misliked both the man and the matter.»[29]

This extraordinary note, written in *A Tract on the Succession to the Crown* in 1602 by one of the great courtier poets of the late Elizabethan era, indicates the complex pattern of loyalties in the period. Son of a loyal servant of Princess Elizabeth (John Harington senior had carried letters to her in Woodstock), himself a godson of the Queen («I do this because thy father was readye to sarve and love us in trouble and in thrall») he transcribes, nevertheless, a proscribed poem on a recent traitor. The father must have had a copy made before his death on 1 July 1582.[30] This is firm evidence of the rapid circulation and popularity of this poem: it must have been written very soon after Campion's death on 1 December 1581, probably in February 1582, and was circulating in circles close to, and loyal to the Queen within six months of Campion's death. The final comment on misliking «both the man and the matter» sounds so close to the disclaimer of John Lilliatt

---

[27] *Ibid.*, p. 140, from Stonyhurst College, *Anglia* 2.16 quoted in Caraman, *Henry Garnet*, p. 44.

[28] Edited by Ruth Hughey, *The Arundel Harington Manuscript of Tudor Poetry*, 2 vols, Ohio, 1960.

[29] *Ibid.*, p. 66.

[30] *Ibid.*, p. 63, «Since the elder Harington died July 1582, he must have gotten hold of a manuscript copy of No. 66 not long after Campion's death the preceding December. The copy in AH [the Arundel Harington manuscript] was probably made from it.»

that it seems to have a ritual quality to it: a cover in case of pressure from government spies.

Harington goes on to single out two stanzas for special comment; stanza 10 he cites in full as summing up the views of Catholics in England:

> Religion there was treason to the Queen
> preaching of penance warre against the lande
> priests were such dangerous men as hath not bene
> prayers and beads were fight and force of hande
> cases of conscience bane unto the state
> So blind is error, so fals a witnes hate.

He then goes on to introduce stanza 12 as follows :

> And soone after in a pathetical manner directing his verse to her Majestie, though I think she hath not to this hower ever scen it, affirming they meant her no hurt (though the contrary was proved to plaine):
> My soveraigne liege, behold your subjects end
> your secret foes do misenforme your grace;
> Who in your cause their holy lives would spend
> As traytors dye, a rare and monstrous case.
> The bloudy wolfe condemns the harmles shepe,
> before the dog, ye whiles the shepherds slepe.

He concludes:

> Now though this be neither so nor so, yet wordes so well laitched together, move much the vulgar eares, and the suffering side drawes still a compassion to it, and the known lewdnes of manie of their persecutors addes much unto it.[31]

Sir John Harington's emphatic assertion that it was his father's deathbed poem – «the last English verse that ever he redd» – is given added weight by the fact that the one of the major compilations of the

[31] *Ibid.*, p. 63, quoting from *A Tract on the Succession to the Crown*, 1602, edited by C.R. Markham, Roxburghe Club 1880, pp. 104-5.

two Haringtons, BL Add. MS. 36529, contains a transciription of a seventeen-page Latin poem on the history of the church by Edmund Campion. The poem was written in Oxford, which dates it clearly as before 1568 when Campion left Oxford, and was so unknown that the elder Harington must have had it copied from the original within a few years of its composition. Sir John continued his father's links with Campion, In 1583/4, when the Government had already been provoked into publishing *A true report of the Disputation or rather private Conference held with Ed. Campion Jesuite, in the Tower of London*[32] to try to quell the flood of pamphlets, Sir John Harington was involved in the distribution of Catholic material, specifically Campion's books. In a letter to the Privy Council, Sir John Horsey and Edward Seintbarbe report that they have «apprehended and examined one James Baker, a very rebellious papist and seditious person who went about with Edmund Campion's books under cover of an old commission granted to Mr John Harington.»[33] James Baker is listed in an earlier letter as a servant of John Harington, but he has «lately been at Rheims and heard mass there.»[34] The examinations are to find out information about Charles Arundell. The first group to be examined includes «Sir Matthew Arundel, young Harrington, and James Baker his servant, the latter to be examined first, as he could discover the dealings of the Papists; also one Harrison, of the Temple, a very perilous popish fellow, to be examined.»[35] The second group included «sundry persons committed for religion and other causes, including Mary Arden, Edw. Arden and Thomas Chymsall about Lord Pagett and Charles Arundell.»[36]

Harington was himself several times accused of being a papist, and replied with witty evasiveness when they insisted that he must belong to one of the three rival religions: «Then I said, I am a protesting

[32] Nowell and Day, 1 January 1583[4], STC 18744. Sec «Requiem for a Prince: Rites of Memory in *Hamlet*», note 15 for full title and reference.

[33] S.P.D. Elizabeth, 1581-90, Vol. CLXVII, Item 8, p. 150.

[34] *Ibid.*, Item 8.1.

[35] *Ibid.*, Vol. CLXIV, December 1583.

[36] *Ibid.*, Vol. CLXVII, Item 59, p. 157.

Catholic Puritan.» On another occasion, which seems extraordinarily close to Hamlets replies:

> that they supposed me to be in hart a Papist. Straight I searcht everie corner of my hart, and finding no such thought in it, I asked why any man should say so. I know (said I) some would see my hart out by your wils.[37]

Even more intriguing for our purposes is the list Harington gives of persons present at his invention of the water-closet in the home of the Arundells, Wardour Castle, in 1596. The list occurs in the Lumley-Folger copy:

> The Erl of Southamp./Sr. Mat. Arundel/Count Arundel/La. Mary Arundel/ Sr. Henry Davers.

Lady Mary Arundell was, of course, Lady Mary Wriothesley, Southampton's sister. The whole list looks heavily recusant, and makes one wonder whether the process of installing water-closets in houses might have had more covert purposes; it certainly would have provided a successful cover for the installation of priest's holes. Whatever is the case, he seems to have been banished the court for the next few years, at the same time as Count Thomas Arundell who was out of favour for accepting his papal title. It was only with Essex's expedition to Ireland that Harington was recalled, and here was closely involved in the negotiations with the Earl of Tyrone. He was sent by Essex with Sir William Warren to conclude negotiations with Tyrone:

> After this he fell to private communication with Sir William [Warren] to the effecting of the matters begun the day before; to the which I thought it not fit to intrude myself, but took occasion the while to entertain his two sons, by posing them in their learning... and finding the children of towardly spirit, their age between thirteen and fifteen in English cloth like a Nobleman's sons, with velvet jerkins and gold lace,

[37] Quoted by D.H. Craig, *Sir John Harington*, Boston 1985, pp. 261-3.

of a good cheerful aspect, freckle faced, not tall of stature but strong and well set...

I gave them, not without the advice of Sir William Warren, my English translation of Ariosto, which I got at Dublin, which their teachers took very thankfully, and soon after showed it the Earle who call'd to see it openly and would needs hear some part of it read; I turned as it had been by chance to the beginning of the 45th Canto and some other passages of the book, which he seemed to like so well, that he solemnly swore his boys should read all the book over to him...[38]

Harington's connection with Campion does not end here, with his comments on the Walpole poem, made some twenty years after he had it copied out. On 20 November 1612, thirteen days after the funeral of his protegé, Prince Henry, Sir John Harington died; he was buried eleven days later, on the feast day of Edmund Campion, 1 December 1612. There is no record of where he is buried, which is very strange for someone of such importance in Kelston and in Bath. Was he given a Catholic requiem, buried in secret close to his Catholic friends at Wardour Castle?

Harington's case is fascinating, not just because he is himself such an engaging literary and humane scholar, and not just because he was so closely involved in all the major crises of the turn of the century, but because the involvement of father and son in transcribing a dangerous proscribed poem shows how difficult it is, even now, to disentangle loyalties and allegiances. That his father, so ready to «sarve and love us in trouble and in thrall» as the Queen acknowledges, and so versed in all the great Tudor poets, should have not only thought this the «best English verse» but should have passed to his son a love of both the poem and, it seems, the man, shows us how deeply hidden were the sympathies of the period. Harington remains a beloved godson of the Queen through all the chances and changes of this period, but he is a close friend of a leading recusant family, themselves

[38] *Nugae Antiquae by Sir John Harington the translator of Ariosto and others who lived in those times selected from the Authentic Remains* by Rev. Henry Harington, London 1792, Letter to Mr Justice Cary 1599 of his meeting with the Earl of Tyrone.

allied by marriage to the family of the Earl of Southampton. It is inconceivable that Shakespeare did not know this poem by Henry Walpole: Campion's memory was being lovingly preserved in literary form at the very time when *Hamlet* was being written and performed.

A glimpse of how this process was carried out may be gleaned from the extraordinary first-hand account of Swithin Wells, the tutor of the Earl of Southampton. He was arrested in March 1587 for «hawking» devotional books that he had brought from overseas – the «consignment included presentation copies for Lady Vaux and Lady Tresham».[39] On his way to the special scaffold erected in Holborn opposite Gray's Inn, he shouted to a friend in the crowd, «Farewell, dear friend, farewell, all hawking and hunting and old pastimes. I am going a better way.»[40] It is possible that each of these phrases from a man no longer young carried a hidden meaning: «hawking» the circulation of Catholic texts, «hunting» the pursuit of converts, and «old pastimes» picking up the language of religious controversy in which Catholic practices were often described. This execution of an old man, a deeply respected tutor who had been with the Southampton family for twenty years, along with the particularly barbarous disembowelling of the priest Edmond Gennings, a member of Gray's Inn, must have left a deep and horrific impression on this recusant enclave. His brother, John Gennings, also a member of the Inn, having been a strict puritan up to this moment, became a Catholic and went abroad to become a priest.[41]

Only three years later, on 28 December 1594, *The Comedy of Errors* was Performed in Gray's Inn, when Robert Southwell was in the Tower of London, along with Philip Howard, Earl of Arundel, and not far from Walpole himself, who was in the Salt Tower. Both Walpole and Southwell had been horrifically tortured at the hands of Topcliffe, Southwell ten times and Walpole fourteen times.[42] *The Comedy of Errors* deals with «merchants», the cover used by Garnet in all his correspondence with Aquaviva, and by all the other Jesuits in England.

---

[39] Christopher Devlin, *The Life of Robert Southwell*, p. 128.
[40] *Ibid.*, p. 238.
[41] Parmiter, op. cit., p. 43.
[42] Christopher Devlin, *The Life of Robert Southwell*, London 1956, p. 298.

Richard Simpson reminds us that in Chapman's *Shadow of Night*, which dates from the same year as the Gray's Inn performance, 1594, «England is called Ephesia by Chapman because Elizabeth was Cynthia or Diana & Ephesus was the city of Diana.»[43] A merchant of Syracuse (perhaps an anagram of Recusary) is obviously a priest from Rome sentenced to death at the start of the play and only reprieved at the last minute. In the original Folio text, where Egeon is alternatively MERCHANT and FATHER, the meaning is even clearer. For an audience awaiting the fate of people so, well known to them, and before whom executions had so recently been staged, the performance must have had an electric quality we do not normally associate with this comedy. Despite T.W. Baldwin's fascinating attempt to link *The Comedy of Errors* with the earlier execution of William Hartley on 5 October 1588, there is no evidence of a performance earlier than that of 1594 at Gray's Inn, where the audience, must have found it easy to imagine:

> the melancholy vale
> The place of death and sorry execution
> Behind the ditches of the abbey here. (V.i. 121)[44]

Garnet's optimistic reading of the effects of their distribution of Catholic texts can easily be countered by the fifth major manuscript of Walpole's poem: MS Rawl. poet. 212. This small book, 5 by 4 inches, was written «at the end of the sixteenth century by an Oxford man.» Much of the material relates to St. John's College, Oxford, (Campion's old college), and includes a «Twelfth Night merriment of 1602 at St. John's College, Oxford.» Many of the texts are dated 1598 and 1599,

---

[43] Misc. Notes Vol II, p. 45.

[44] T.W. Baldwin, *William Shakespeare Adapts a Hanging*, Princeton 1931, argues (p. 13) that «Shakespeare in *The Comedy* has used Holywell Priory as the setting for his fifth act.» For recent studies of the connections of Shakespeare's plays with the Inns of Court, see W.R. Elton, *Shakespeare's Troilus and Cressida and the Inns of Court Revels*, Aldershot 2000, and Anthony Arlidge, *Shakespeare and the Prince of Love*, London 2000.

and two to the Porter of St. John's from 1600.[45] I had reserved reading this manuscript until the end, since I could not find the poem; suddenly, the truth dawned on me. Nine pages, the entire poem, had been cut from the manuscript; only the final four stanzas of «What iron heart could melt in grief?» have survived.

This small manuscript book is a vivid exemple of the difficulties of manuscript dissemination in the period: the nine excised pages may stand, along with the imprisonment and mutilation of Stephen Vallenger, as vivid evidence of the attempts, in large part successful, of the government to suppress nonconformist texts. What is especially interesting in the case of both MS. Rawl. poet. 148 and MS Rawl. poet. 212 is that they both date from the period around 1599, when John Hayward's *Henry IIII* had been published and sold like wildfire all over London, when even *Tacitus's Agricola* was seen to have subversive connotations, when John Whitgift, Archbishop of Canterbury, and Richard Bancroft, the Bishop of London, forbade all satire and tightened contol of all history.[46] The excision probably belongs to the next three years, the end of Elizabeth's reign, rather than to the beginning of King James's. The vigour with which the memory of Campion, Southwell and Walpole was maintained is attested by the large number of manuscripts and printed texts which have survived despite all the attempts of the government to suppress them. The very fact that the Privy Council felt impelled to publish on 1 January 1583 its own printed version of the conferences with Campion in the Tower is clear evidence of the size of this circulation, even at this stage:

> But there having been sithen by others the favourers of him and his cause partly in print, but in written pamplets much more dispersed wherein Master Campion's surmised glorious conquest against us, is exceedingly set forth, and some of them so confidently that in the

[45] SC 14703 indicates fol. 154v rev., and describes this version as «incomplete»: a massive understatement since the entire poem has been lost on the nine excised pages. The «Twelfth Night Merriment» has been edited as *Narcissus* by Margaret L. Lee, London 1893. She writes of the volume that it appears «to have been the commonplace book of an Oxford man», p. xviii, and identifies the porter as Francis Clarke of St. John's College, p. xxx.

[46] Donna B. Hamilton, *Shakespeare and the Politics of Protestant England*, Kentucky, 1992. See *S.P.D. Elizabeth* Vol. CCLXXV No. 28, 1600 July 13.

> conclusion there of the Author saithe: «The Catholiques by the judgement of those that were not wedded wholly to will, did get the Goale»...

and later

> reports and pamphlets everywhere so formed and dispersed, as though Campion like some great beare or lyon rather (as they would have him seeme) had shaken us off like cowardly curres one after another.[47]

From the evidence of transcriptions of this poem alone it seems that the flood of material on Campion had not diminished in 1599, by which time even more repressive measures were being enacted in response both to the Puritans and to the stirs around Essex. In June 1598 John Darrell was found guilty for his «fraudulent practices of witchcraft».[48] On 1 June 1599 Whitgift and Bancroft issued orders forbidding the printing of all satire, and declared that «henceforth only the archbishop and the bishop of London should hold the authority for the printing of histories.»[49]

Te read Malvolio against this background, especially in the light of the Candlemas performance in the Middle Temple, is to see Malvolio's imprisonment as a grotesque parody, not just of John Darrell, but of the methods used te suppress nonconformity, whether Catholic or puritan. For the Middle Temple was, like all the inns of court, a centre of resistance to government edicts.[50] The evidence of the ineffectiveness of the instructions of the Privy Council to the Inns of Court, and the evident intention to terrorise by executions like that of Swithin Wells, is that as late as 1602 the parliament of the Middle Temple had to repeat the same instruction as thirty-five years previously: «Every Utter Barrister, or other fellow of this House, lying within the House or in the Parsons Buildings... shall receive the communion in the

---

[47] Nowell and Day, STC 48744, BL 225.a.26, I January 1583, fol. A.ii.

[48] Hamilton, op. cit., p. 90.

[49] *Ibid.*, p. 92.

[50] Parmiter, op. cit, pp. 25-27, makes clear that the recusant rolls of 1577 bave so many known omissions as to be an obviously unreliable guide to the extent of recusancy there. The Middle Temple successfully portrayed itself as having the lowest proportion, 26 of 190 barristers; actually it may well have had one of the highest.

Temple Church once a year at least on pain of 40s fine or loss of his chamber.»[51]

Malvolio calls for «candle, and pen, ink and paper»; then for «ink, paper and light»; Feste finally offers te «fetch you light, and paper and ink.» That these three are references to Campion's famous request, immortalised in Walpole's poem, is made more plausible by the fact that this poem was still being transcribed in the recusant circles of Oxford and the Inns of Court. This is the very place where the play was first being performed, where both oppressed groups, Popish recusants and Puritans, saw their persecution as one in which legal processes were being manipulated and truth being sacrificed.[52] As Donna Hamilton has argued, «There is no printing in *Twelfth Night,* but the issue of authorised writing is ever present,» and the «"licence of ink"» a «device for the manipulation of reality».[53]

Feste's reference to the «old hermit of Prague» seems to suggest the Campion echo, since his time there had certainly left a deep mark on the consciousness of Englishmen. Katherine Duncan-Jones has confirmed the impact which Sidney's meeting with Campion in Prague had on the young courtier. Both in her biography of Sidney and in her later article on «Sir Philip Sidney's debt to Edmund Campion», she not only argues for the depth of Sidney's feelings towards Campion, but for a deep and lasting influence on the courtier-poet.[54] The echo of Campion's third conference in the Tower is made more likely by the fact that it had been so carefully enshrined in a poem which became a central part of the *memoria*, the memorial crypt, of the Catholic community. Campion had challenged Fulke:

---

[51] *Ibid.*, pp. 34-35.

[52] Southwell's *An Humble Supplication* can be found in the Inner Temple today in manuscript form; Garnet's treatise on equivocation was found in the same Inn by Sir Edward Coke on 5 December 1605, in the rooms of Sir Thomas Tresham. Christopher Devlin's map of this part of London, op. cit. p. 216, makes clear the enclave that comprised the Inns of Court, Southampton House and Blackfriars Gatehouse. Golden Lane where John Bolt was arrested is just to the east.

[53] Op. cit., pp. 103-104.

[54] *Sir Philip Sidney: Courtier Poet*, London 1991, pp. 124-127; the article is in *The Reckoned Expense,* edited by Thomas McCoog, Woodbridge, 1996, pp. 85-102.

Campion: Provide me with ynke and paper and I will write.
Fulke: I am not to provide you with ynke and paper.[55]

Given the way printing was used to provide an official version of these conferences, as it was to provide the official version of Darrell's trial, it is hard to resist the conclusion that at the turn of the century printing had become tarnished with the odour of controversy, and ink, pen and paper associated with private, and therefore, truthful circulation.[56]

It seems almost impossible to capture the extent of the intellectual and political opposition in London in the period from 1599 to 1601. London was living on two levels. On the one hand were the actual political events being played out from Essex's departure in March 1599 to his return and arrest in September, and the rebellion on Sunday 8th February 1601. On the other, were the political parallels being intellectually and emotionally argued through Hayward's history, through the endless performances of *Richard II*, staged by Essex as early as 1597 in a private performance for Robert Cecil at Essex House before his departure for the Azores, and acted «forty times in the open streets and houses» before its final famous performance on Saturday 7 February 1601. On 4 August 1601 the Queen told William Lambard in an audience: «I am Richard II, know ye not that?» «Such a wicked imagination,» replied he, «was indeed attempted by a most unkind gentleman, the most adorned creature that ever your Majesty made.» The Queen added, «That tragedy was played forty times in open streets and house.»[57] Among the audience was also certainly Shakespeare's patron, since we are told that «My Lord Southampton and Lord Rutland come not to the court... they pass away their time in

[55] Nowell and Day, (STC 18744), fol R. iv.

[56] It may be significant that the first official printed attack on Darrell was by Samuel Harsnett: *A discovery of the fraudulent practices of J. Darrel*, STC 12883, B4v-C). See Donna Hamilton, op. cit., p. 90. For Harsnett may have been trying to emphasise his political loyalty after being interrogated in July 1600 for allowing the printing of Dr Hayward's notorious book, *S.P.D. Elizabeth*, Vol. CCLXXIV, July 11.

[57] Richard Whyte in a letter to Sir Philip Sidney «referring to the last months of 1599», quoted by Richard Simpson in his essay on *The Politics of Elizabethan Drama*. (Notebook 4, prcserved in the library at Downside), p. 263. See John Nichols, *Progresses and Processions of Queen Elizabeth*, 1823, Vol. III, p. 552.

London merely in going to plays every day.»[58] For the Privy Council, Hayward's *Henry IIII* and Shakespeare's *Richard II* were clearly perceived as a single intellectual act of subversion. As early as July 1600 we read in the State Papers that

> Essex's own actions confirm the intent of this treason. His permitting underhand that treasonable book of Henry IV to be printed and published; it being plainly decyphered not only by the matter and by the epistle itself for what end and for whose behalf it was made, but also the Earl himself being so often present at the playing thereof, and with great applause giving countenance to it.[59]

From a modern perspective, satirical parody seems to be the object of the Queen's complaint. In the context of the pamphlet, stage and manuscript war being conducted in this year, *Richard II*, the play that was being hawked around the town, seems much more like a real attempt to rouse the torpid from sleep. We know it was attended by the Earls of Essex and Southampton – and the rest of the opposition groups, and it was supported by a history of the same event which became the best-seller of the year. In his unpublished notebooks, the great nineteenth century Shakespeare scholar, Richard Simpson, concludes his discussion of *Richard II* by saying that

> I wished to lay a good foundation for the proposition that Shakespeare's plays may have political meanings by proving indisputably that one of his plays has this meaning.[60]

Never can there have been a time more electric with the charge of political discussion and drama, on and off the stage. It is not surprising that there was so much manuscript transmission: every poem, every scene inserted in a play, as the deposition scene must have been sometime after 1597, was an attack on the Queen and her Privy Council. What is hard to recapture is the way in which the circles of

---

[58] Richard Simpson, Notebook 4, p. 263.
[59] *S.P.D. Elizabeth*, Vol CCLXXV. no. 33.
[60] Notebook No. 4 p. 284.

the different opposition groups crossed, but there is no doubt that the enclave of the Inns of Court, Catholic recusant families, the Essex and Southampton faction all merged geographically and in their manuscript circulation. Southwell's family connections with the Earl of Southampton's family, Walpole's with the Inns of Court and with Campion, John Bolt's capture within a mile of Gray's Inn, Essex's wearing black for Sidney, Campion's admirer, and above all the execution of Swithin Wells outside Gray's Inn: all show how inextricably linked were all these opposition groups.

What is common to all of them is their use of literature, and particularly of the handwritten word. What we do not know in *The Comedy of Errors* (performed in Gray's Inn in 1594), *Twelfth Night* (perfonned in the Middle Temple in 1602), *Richard II* (performed in «open streets and houses»), and *Hamlet* («divers times acted... in the city of London, as also in the two universities of Cambridge and Oxford»[61]), is what was in those original performances. Simpson concludes his essay on *Richard II* by arguing that Shakespeare «added the deposition scene to the play after 1597: that is to say after the opposition between the Cecilian party and that of Essex had become incurable.»[62] For it was said at bis trial that he had «feasted his eyes by way of foretaste, on the show of that which he hoped afterwards to execute, the deposition of his sovereign.»[63] We seem close te Hamlet's staging a play before a King and inserting some «dozen or sixteen lines». In the close society of an Oxford college, so soon after the execution of the Earl of Essex, and while Southampton was still languishing in prison, Hamlet's rhyming couplet:

The play's the thing
Wherein I'll catch the conscience of the King. (II,ii. 581-2)

must have echoed round the cloisters with breathtaking intensity.

Finally, this idealistic attempt to challenge the Privy Council to an intellectual debate puts a different gloss on Essex himself. On all major

[61] Title page of First Quarto, one copy of which is in the British Library.
[62] Notebook No. 4, p. 275.
[63] *Ibid.*, pp. 262-3.

policy areas, history was to prove him right. His treaty with the Earl of Tyrone was a better option than the pointless massacres which followed; his support of James's succession was so right that even Cecil changed to it once Essex was out of the way. As the Venetian ambassador reported on James's accession:

> This makes it clear that there never has been any plot against the late Queen in which the King had no hand. But more than that, it has now been discovered that the whole action of Essex in 1601 was based upon a document signed and sworn by six conspirators. This embraced two points only: first, there was to be a rising in which Secretary Cecil and Councillor Raleigh were to be killed in the cause of Essex's disgrace; second, they were immediately to cry «Long live the Queen, and after her long live King James of Scotland, the sole and rightful heir to the English crown...[64]

This pattern of intellectual opposition and incomplete plans for actual rebellion is much more in accord with Hamlet's strangely passive attendance on fate in the second part of the play. Essex seems only to have been roused to action by the visit of the Lord Chief Justice, Sir William Knollys, the Earl of Worcester and the Lord Keeper. He was advised to treat with the Privy Council, or rushing the gates, escape to Scotland; he rushed the gates and headed towards death.

The government response to this culture of intellectual resistance can be seen from its oppression of a third group not usually mentioned alongside Puritans and Catholics: philosophers. John Dee's *A letter containing a most briefe discourse apologeticall, with a protestation for the lawfull and Christian course of the philosophical studies and exercises of a certain gentleman: an ancient servant to her majesty, 1599* draws our attention to the repression which Platonism experienced in this period. The recent study by Sears Jayne provides fascinating confirmation, coming from a completely different angle, of the devastating effect of the government's repressive policy on the worid of learning.[65] The picture that emerges is of a steady growth in the

---

[64] *State Papers Venetian 1603-1607*, p. 25.

[65] Sears Jayne, *Platonism in Renaissance England*, Dordrecht 1995.

study of Greek – particularly of Plato – from 1484, with Duke Humfreys acquisition of texts being crucial, till the Reformation from 1535 onwards effectively closed the borders to foreign books, and the study of Plato dwindled to a trickle.

The massive growth in Greek studies from the first extra-curricular Greek classes at Magdalen College, Oxford, in 1490, through the teaching at the same college of Grocyn, Linacre, and William Lilly, the foundation of Corpus Christi College in 1517, the establishment by Cardinal Wolsey of a daily lunchtime Greek lecture in 1523, reached its peak when the young Reginald Pole was sent from Magdalen in 1519 to study in Italy where, with Thomas Lupset, he read through the entire corpus of Plato's work in Greek, possibly the first Englishman to do so.[66]

This golden age of Platonist studies was succeeded by a dark age of intellectual barbarism. Anthony Wood describes the visit of the Commissioners to Oxford libraries: «From Merton Coll. library a cart load of mss. and above were taken away... Sure I am that such books wherein appeared Angles or Mathematical diagrams, were thought sufficient to be destroyed because accounted Popish, or diabolical or both.»[67] John Dee built up his own immense library in Mortlake until the visit in 1583 of Prince Laski who persuaded him to return with him to Poland.[68] When he left a crowd broke into his house and smashed his instruments, and stole invaluable documents and five hundred of the books.[69] The Dee story throws a fascinating light on the tension between scholarship and the government, and makes one look rather differently at the struggle between the university wits and the «upstart crow». Dee's library was certainly not the only one where it was easier to find texts than at Oxford. Sears Jayne concludes:

---

[66] *Ibid.*, p. 121.

[67] Anthony Wood, *The History and Antiquities of the University of Oxford*, ed. J. Gutch, Vol II, part I, pp. 107-8, quoted by Frances A. Yates in *The Theatre of the World*, London 1969, p. 15.

[68] Frances A. Yates, op. cit., p. 15.

[69] *Ibid.*, p. 16.

> Why was there so little interest in Plato in England during the Tudor period? The most reasonable explanation is that the Tudor monarchs controlled what was thought in England... They also used their control of the printing press and import licenses to dictate what books the English people were allowed to read. Nor was that all. When an unruly citizen stepped out of line, the régime swiftly whipped him back into position, using any method that seemed appropriate: confiscation of property, imprisonment, exile, torture, public maiming (hands and ears were the favourite body parts) and public execution... The proof that it was the régime itself that was primarily responsible for the blackout of Plato during the Tudor era is that during the Stuart dynasty that followed, English interest in Plato immediately burgeoned.[70]

John Dee's letter protesting his innocence of witchcraft and his loyalty in 1599 is further evidence of the increasing levels of censorship and the heightened anxiety felt by *everyone*: Catholics, Puritans and Platonist scholars, and *lawyers*. That so many of the plays were performed, we know, in the Inns of Court, and that so many seem concerned, either comically as in *Twelfth Night* or tragically in *King Lear*, with forged documents being used by those surrounding the figure of authority to inculpate individuals, should alert us to Shakespeare's concern with the way documents – always at the heart of any process of law – were being used as instruments of untruth.

There is something immensely impressive, as well as strikingly different from our own society, in the fact that four of the greatest literary figures of the Elizabethan period – Sidney, Campion, Southwell and Essex – all seemed to think that they could challenge the government to an intellectual debate. Sidney tried «to prevent the Queens marriage to Alençon by writing a semi-public treatise against it.[71]

---

[70] *Ibid.*, pp. 136-137.

[71] Katherine Duncan-Jones, in «Sir Philip Sidney's debt to Campion», in *The Reckoned Expense*, p. 96, and Thomas McCoog, «"Playing the Champion", The Role of Disputation in the Jesuit Mission», *ibid.*, pp. 137-138: «Did they honestly think that a successful disputation would undo the religious settlement established twenty years earlier?... Catholicism may have had the most articulate spokesman, but the government was not willing to provide a platform.»

> His *A letter to Queene Elizabeth*, which survives in numerous copies, was extensively circulated only in manuscript to complement the printed attack on the French marriage which cost its author, John Stubbs, his right hand.[72]

Campion placed copies of his *Rationes Decem* on the seats of everyone attending the Commencement in June 1581, expecting the University of Oxford to respond intellectually to his challenge. As E.-E. Reynolds comments,

> there may seem something naive, even pathetic, in Campion's belief that a well-conducted disputation according to academic practice could gain a victory for Catholicism.[73]

The Privy Council only responded intellectually to the challenge after it had racked Campion, and deprived him of books and «paper, ink and penne». As Katherine Duncan-Jones argues,

> Challenge and disputation, conducted on lines partly academic, partly chivalric, which may now seem a quixotic and haphazard method of enforcing public assent to an important proposition, were then normal procedures. For Sidney, such debate was conducted in council chambers, in Parliament, and in the tiltyard; for Campion in his Jesuit years, in debating schools, churches, and finally in Westminster Hall, the scene of his trial.[74]

Robert Southwells *An Humble Supplication to Her Majestie* was written at the end of 1591 and circulated only in manuscript.[75] As Philip Caraman says, «Sustained passages of eloquence make it one of the most memorable appeals ever written by a spokesman of a

---

[72] H.R. Woudhuysen, op. cit., p. 8. See also Peter Beal's fascinating chapter on Sidney's letter, op. cit., pp. 109-146.

[73] E.E. Reynolds, *Campion and Parsons*, London 1980, p. 105.

[74] Op. cit., p. 96.

[75] One of these survives in the Petyt Collection of the Inner Temple library, Vol. 36, 5 f. 56. A modern edition was produced by R.C. Bald, Cambridge, 1953.

persecuted minority.»[76] The only response of the Queen herself to this chivalric and courteous challenge was to entrust Southwell to Topcliffe's hands to torture in his own house: we have Topcliffe's own personal letter to the Queen to prove her involvement in this torture:

> But if your Highness' pleasure bc to know anything in his heart, to stand against the wall, his feet standing upon the ground and his hands stuck as high as he can reach against the wall, like a trick at Trenchmore, will enforce him to tell all, and the truth proved by the sequel.[77]

Essex could not have done more to use pen and tongue, with prefaces to *Henry IIII* and to *Agricola*, as well as close involvement in *Richard II*; the final response was to send Chief Justice Popham to Essex House, and for the Bishop of London to block his way by force. It is not an accident that «the political events that became the focus of the largest number of texts in Elizabethan manuscript collections were those having to do with the fall of Robert Devereux, Earl of Essex, particularly his conspiracy, treason, trial and execution.»[78] What is especially interesting is that many of these collections emerge from the world of the Inns of Court, «a social and cultural milieu in which both political consciousness and literary activity were quite high.»[79]

Walpole's poem gives us a fascinating insight into the world of religious and political opposition, a world centred on the Inns of Court, on manuscript circulation and play production among those for whom language has been sharpened into the only honourable resistance to a government where the law itself was being corrupted, and whose primary instrument of control was the public staging of «death and sorry execution» (V.i. 122), as it is described in *The Comedy of Errors*. This is a world where the text remains close to writer and audience, and where it is flexibly adapted by each group, where each poem or appeal is an answer to some other also circulating. This is a world where allusion can function in an elaborate way, to be picked up

---

[76] *Henry Garnet and the Gunpowder Plot*, London 1964, p. 141.
[77] Quoted by Devlin, op. cit., p. 283.
[78] Arthur Marotti, op.cit., p. 95.
[79] *Ibid.*, p. 35.

by an audience for whom every word had a locally understood meaning. The texts of Shakespeare's plays must be rescued from the false «fixity» of the printed text, with their inevitable tendency to clean up inconsistencies which are a part of the rich allusive meaning of the original. As Woudhuysen says of the *Arcadia*, these works «address a community of readers rather than just a community.»[80]

II

An epitaphe of the life and death of the most famous clerk and virtuous priest Edmund Campion and reverend fathers of the meeke societies of the blessed name of Jesus.

The poem announces itself at the head of the beautiful Laud MS 755 as doing for Campion what he is denied by the grotesque manner of his death.[81] Indeed the poem is full of contrasts between his learning, courtesy, sweetness and «mild behaviour» and the savagery of what is donc to him. Despite the way in which this formidable poem came to be memorised, transcribed and recited within an oppressed community, it is more than a resistance ballad: its structural control is close to that of Marvell.

Written in the beautiful six-line stanza form so often used by Southwell, with an alternate rhyme for the first four lines and a concluding couplet, the one hundred and eighty lines are clearly structured in three parts of sixty lines each. The first section is further divided into an introduction of twelve lines which is a traditional appeal not to the Muse, but to the depth of his love:

> Campion exeeds the compasse of my skill
> yet let me use the measure of my love. II. 9-10

---

[80] Op. cit., pp. 8-9.

[81] This is used as the control text in the following quotations. A modern text is most easily available in Emrys Jones's *The New Oxford Book of Sixteenth Century English Verse*, Oxford 1991, pp. 332-337, where it is treated as anonymous.

The *paronomasia* on measure (also meaning metre) assures us that the apology which follows is also a skilled rhetorical *diminutio*

And give me leave in lowe and homelie verse
his hye attempts in England to rehearse. II. 11-12

With the third stanza the poem begins its historical account of Campion's mission, consistenly contrasting the singular *He* with the savagery of the plural *they*:

From racke in Tower they brought him te dispute
bookeless, alone, to answere all that came,
Yet Christ gave grace, be did them all confute
so sweetly there in glory of his name. II. 45-46

This portrait of saintly sweetness, of human virtue enhanced by divine grace, is wonderfully imaged in the fifth stanza:

His native flowers were mixed with herbes of grace
his mild behaviour tempered well by skill
a lowly minde possest a learned place
a sugred speach, a rare and virtuous will
a saintlike man was set on earth below
the seede of truth in erring hartes to sow. II. 25-30

This is echoed in *King Lear*, where the restorative qualities of flowers and herbs elucidate what the poet is asserting here: the connection of Campion with the true nature of England. They also bear witness to what has been lost, to the aberration which has led to the «bare ruined choirs where late the sweet birds sang».

For England has made itself another country – and the separation from Europe is constantly remarked – a place of nightmarish reversal of all that was previously good:

Religion there was treason to the Queene
preaching of penance warre against the lande
priests were such dangerous men as hath not bene
prayers and beads were fight and force of hande

> cases of conscience bane unto the state.
> So blind is error, so fals a witnes hate. II. 55-60

This clearly ends the first part in which Campion's virtues have been consistently presented by images of old England:

> our new Apostle comming to restore
> the faith which Austine planted here before. II. 23-24

His virtues are those of scholarship and oratory – «sugred speach» and «sweete his cheere». Above all the force of the opening line

> Why do I use my paper inke and penne

is recapitulated in the consistent emphasis on Campion's methods of persuasion:

> With tong and pen the truth he thoght and wrote
> by force whereof they came to Christ apace. II. 31-32

The second part, lines 61-120, form a prolonged *apostrophe,* or rather series of *apostrophes,* addressed to the Queen, England, the spy, the rackmaster and jurors who convicted him, culminating in the robust challenge which, still using the metaphor of writing, converts defeat into victory:

> You thought perhaps when lerned Campion dyes
> his pen must cease, his sugred tong be still;
> but you forgot how lowde his death it cryes,
> how farre beyond the sound of tongue and quill.
> You did not know how rare and great a good
> it was to write his precious giftes in blood. II. 109-114

If there were any doubt, indeed, that the modesty of the opening were not rhetorical *diminutio,* it is eliminated by the amusingly disparaging treatment of anti-Campion ballads. This poem is clearly intended to make them look cheap and vulgar:

Fonde Elderton, call in thy foolish rime
thy scurrile balades are too bad to sell;
let good men reste and mende thyself in time.
confess in prose thou hast not metred well
or if thy folly can not choose but fayne
write alehouse toys, blaspheme not in thye vayne. II. 97-102

The very nice *paronomasia* on «in time» makes a clear claim for metrical as well as moral superiority. This section, however, is most interesting for its profession of loyalty to both the Queen and England, vividly exemplifying the problem for Catholic writers:

My soveraigne liege, behold your subjects end
your secret foes do misenforme your grace;
Who in your cause their holy lives would spend
As traytors dye, a rare and monstrous case. II. 67-70

This accords both with Robert Southwell's *An Humble Supplication* ten years later, and indeed with Alison Shell's observation that «writers under Elizabeth caught the habit of addressing her as *personally* beloved, able to exact loyal behaviour from her subjects for this reason.[82] The apostrophe to England in stanza 13 is equally important, addressing a country groaning under the oppressive regime that was to have developed even further by the time two of the manuscript transcriptions were made, 1598-1600.

England looke up, thy soyle is stained with blood
thou hast made martirs many of thine owne
if thou hast grace their deaths will do thee good
the seede will take which in such blood is sowne
and Campion's lerning, fertile so before
thus watered too, must nedes of force be more. II. 73-78

The heightened patriotism ot many of Shakespeare's plays may be understood better if seen against a background of lamentations for the loss of faith and loss of justice. This is the England described in

[82] *Catholicism, Controversy and the English Literary Imagination, 1558-1660*, p. 141.

Southwell's letter to Verstegan of December 1591, in Sonnet 73, and summed up in John Pibush's letter of 1600:

> The promised land of our fathers has now for their children become a howling wilderness, over which the hungry fowlers have spread their nets of laws and statutes over the whole Country.[83]

The empty state of the nation's coffers found when Burghley died suggests that Southwell's charge that he had been fleecing the queen of some twenty thousand a year may not be an exaggeration.[84] The second section ends with a line which reminds one of Sonnet 23's injunetion to «hear with eyes»:

> His virtues now are written in the skyes
> and often read with holy inward eyes. II. 119-120

The adjectives point not only to the meditational quality of such verse, but to the reflective qualities that seem to be associated with eyes in Shakespeare.

The third section (lines 120-180) begins with a widening of the horizon. This treatment of one of Europe's most famous scholars (now regarded as the father of Czech drama) will shame his own country. The whole of this section addresses the *present*. The first thirty lines address the present of Father Campion, now dead physically and visibly quartered on the city's walls, but living everlastingly; the last thirty address the present of those left behind grieving. These lines constitute the exhortatory past of the lamentation, conforming to Alison Shell's observation: «Lamentations are exhortatory: they purport to bc the voice of objective woe interrogating the reader, subjectivity beginning with the reader's response.»[85]

> All Europe wonders at so rare a man
> England is fild with rumor of his ende. II. 121-122

---

[83] To Claudio Aquaviva, 1 July 1600, quoted by Philip Caraman, *Henry Garnet*, p. 270.
[84] The Verstegan Papers, C.R.S. Vol LII, p. 14.
[85] Op. cit., p. 177.

Both these lines may be more a statement of the obvious than rhetorical exaggeration. In the words of *A true report of the martyrdom of M. Campion, Jesuite and preiste*:

> It is not unknowen that M. Edmund Campion Jesuite, Priest, a man reputed and taken and by divers his coequals plainlie confessed the flower of Oxforde... the fruite of his lerning, vertue and rare giftes, which as they were in his childhood here among us wonderful, so they were abrode, as in Italy, Germany, and Bohemia, an honour to our country, a glasse and mirror, a light and lanterne, a paterne and example to youthe, to age, to lerned, to unlerned, to religious, to the laytie of al sort, state & condition, of modestie, gravitie, eloquence, knowledge, virtue and pietie of which just and due commendation. This man (M. Campion I say) hast mekely yelded himself and his carkesse to this butcherie with such humility and corage as moved most beholders to compassion and pity.[86]

The poet hints at the oppressive state of England: no open news circulates here, just rumours in a darkened land. By contrast, the poet proclaims openly the success both of his art and of Campions apparent defeat:

> In vain you wrought that would obscure his name
> for heaven and earth will still record the same. II. 131-132

The lines superbly exemplify Alison Shell's observation on the achievement of Catholic literature: «Their consistency in behaving like the saints they venerated, at trial, in prison, and on the scaffold, was perhaps the supreme achievement of the controversial imagination, turning worldly defeat into spiritual success.»[87]

This last section pivots securely at line 150 as the poet ends his account of Campion's own spiritual success

> And every drop of blood which he did spend
> hath reapt a joy which never shall have end. II. 149-150

---

[86] STC 4537, fol. B.3v.
[87] Alison Shell, op. cit., p. 227.

and begins his exhortation to the bereaved community:

Can dreary death then daunt our faith, or paine?
Is't lingering life we feare to lose, or case? II. 151-152

The poem continues in language that is close to the meditations which accompany the Stations of the Cross:

His hurdle draws us with him to the crosse
his speeches there provoke us for to dye. II. 169-170

The poem ends with a reminder of how close to the drama of the liturgy is so much of the literature of this period:

Blessed be God which lent him so much grace,
thanked be Christ which blest his Martirs so,
happy is he which sees his Masters face,
Cursed are they that thought to work him wo,
bounden be we to give eternall prayse,
to Jesus name which such a man did rayse. II. 175-180

This final stanza reminds us why the poet remains the anonymous author of these verses, on the same level as the transcriber of MS Laud 755 or even more of MS Eng. poet. b. 5. where the scribe has written, seventy years later, a new final stanza reflecting the sense of this particular collection as a song-book:

Rejoice, be glad and sing ye hymnes of joy
Campion, Sherwin and Bryan live in blisse... II. 175-176

These are the shared texts of a community of oppressed believers. Authorship is not at issue: shared grief, shared comfort and shared rejoicing are the tasks of a poem such as this. In the fluidity of its text, in the particularities of its transcription, it gives us a vivid glimpse of the community of readers to whom Shakespeare's plays were addressed. This was especially true of those plays which were performed in the scribal communities of the Inns of Court, the universities, especially Oxford,[88] and the private houses, during the last ten years of the old queen's reign.

In the absence of a proper crypt with a *memoria* for the body of their martyrs, the recusant community preserved the memory through their poems: language becomes the shrine, each phrase an act of homage to the beloved saint.[89] A rich pattern of verbal allusion is created, memorised and *inscribed*; and it was in such a context that many of Shakespeare's plays were performed. The more we can understand this close-knit community of readers, the more we shall be able to

> learn to read what secret love bath writ. (Sonnet 23)

G. KILROY

[Cette conférence a parallèlement fait l'objet d'une publication dans *The Downside Review.*]

---

[88] Marotti, op. cit. p. 31, simply states that Oxford collections far outnumbered those from Cambridge: the explanation. for this may lie in the much higher recusancy roll in Oxford. See also Woudhuysen, op. cit., p. 169.

[89] *Memoria* was the name given by the Carolingian scholar Heiric to the space where the relics were kept behind the *martyrium* in the crypt at Auxerre, built between 841 and 859 A.D., where he body of Saint Germain was placed for veneration by pilgrims who passed round the shrine in the ambulatory of the crypt.

FORGETTING EGYPT: OBLIVION AND ANAMNESIS IN *ANTONY AND CLEOPATRA*

I

The cultural epoch whose memorial preoccupations are the subject of this colloquium has for nearly two hundred years been identified by scholars as «the Renaissance». Currently, however, it is undergoing a subtle shift of identity, since a new generation of scholars and critics has begun to redescribe it as the «early modern» period. Thus Leah S Marcus has argued that:

> We are moving away from interpreting the period as a time of renaissance, cultural rebirth, the awakening of an earlier era conceived of as (in some sense) classic; we are coming to view the period more in terms of elements repeated thereafter, those features of the age that appear to us precursors of our own twentieth century, the modern, the postmodern.[1]

In fact, both new and old labels suggest the future-oriented concerns of the epoch in question; yet while the label «early modern» appears to position this cultural phenomenon as itself a point of origin – as the *beginning* of a new and «modern» era – the concept of «Renaissance» implies a rather more complex, Janus-faced, relationship between this epoch and the linear unfolding of time. For of course the word «Renaissance» identifies this moment of cultural change not simply as a beginning, but rather as a *rebirth* or *renewal* of culture: as a process, then, which is implicitly mimetic, or *commemorative*, of an earlier epoch – or rather more problematically, of earlier epochs. In the

[1] Leah S Marcus, «Renaissance/Early Modern Studies», in *Redrawing the Boundaries: The Transformation of English and American Literary Studies* (eds) Stephen Greenblatt and Giles Gunn (New York: the Modern Language Association of America, 1992), pp. 41-63.

contemporary effacing of this idea of «Renaissance», therefore, we are usefully reminded of the way in which significant cultural change will always produce damaging aporias within its new paradigms of knowledge, as each re-memorising of the past is informed by a selective forgetting of whatever details do not fit the new interpretive narrative. Yet the aspect of Renaissance culture which seems most susceptible to effacement or elision within our current cultural paradigm is not simply its love-affair with antiquity, but the complex, and often esoteric, motivations which lay behind that preoccupation.

In that deliberate backwards glance towards the example(s) of classical antiquity which was the intellectual posture of Renaissance humanism, it effectively identified the project of humanist scholarship with a highly complex act of cultural *anamnesis*, or recollection. Thus when, in his *Advancement of Learning* (1605), Sir Francis Bacon compliments James I of England and VI of Scotland on the centrality accorded to memory in his kingly intelligence, he identifies a form of Platonic *anamnesis* as integral to the humanist goal of a quasi-divine expansion of human intelligence:

> your Majesty were the best instance to make a man of Plato's opinion, that all knowledge is but remembrance, and that the mind of man by nature knoweth all things, and hath but her own native and original notions (which by the strangeness and darkness of this tabernacle of the body are sequestered) again revived and restored...[2]

The model of knowledge described by Bacon was derived from diverse classical sources, including several Platonic texts, most notably from Plato's *Meno* (a text already known in the middle ages). In the *Meno* Socrates, having only just admitted the weakness of his short-term memory, expounds the significance of learning as *anamnesis* by relating it to the Pythagorean doctrine of reincarnation:

> Seeing then that the soul is immortal and has been born many times, and has beheld all things both in this world and in the nether realms, she has acquired knowledge of all and everything, so that it is no wonder that she *should be able* to recollect all that she knew before about virtue

[2] Sir Francis Bacon, *The Advancement of Learning* (London: 1605), I, «To the King», 2.

> *and other things*. For as all nature is akin, and the soul has learned all things, there is no reason why we should not, *by remembering but one single thing* – an act which men call learning – discover everything else, if we have courage and faint not in the search; since, it would seem, research and learning are wholly recollection. (my emphases)[3]

In fact, there is an odd shift of emphasis in the passage, as what seems to be an allusion to the mystical Pythagorean practice of memory exercises designed to recover soul-knowledge is followed by a highly pragmatic and discursive approach to the search for truth; for what Socrates recommends as the technique to accomplish *anamnesis* is Platonic dialectic.[4] Yet by the late classical period the seeming paradox which is emphasised here, that the memory of «but one single thing» can lead to a full recollection, not of individual knowledge, but instead of «the truth of all things that are» (86B) was to be central to a very different methodology: this was that of the arts of memory, which, first developed for specifically rhetorical purposes, were reformulated in the sixteenth century in accordance with the more Platonic notion of soul-memory, most famously by the philosopher Giordano Bruno.

An implicit link between ancient Egypt and the art of memory is made in Bruno's *De magia* (c. 1590) where he notes that:

> ... the sacred letters used among the Egyptians were called hieroglyphs... which were images... taken from the things of nature, or their parts. By using such writings and voices [*voces*] the Egyptians used to capture with marvellous skill the language of the gods. Afterwards when letters of the kind which we use now were invented by Theuth or some other, this brought about a great rift both in memory and in the divine and magical sciences.[5]

---

[3] Plato, *Meno*, trans. W R M Lamb (London: Loeb, 1924), 81 B-D,

[4] Jean-Pierre Vernant discusses the esoteric significance of memory and memory exercises in Greek antiquity in «Mythical Aspects of Memory,» *Myth and Thought among the Greeks* (London: Routledge, 1983), chapter 3.

[5] Bruno, *De magia* (*Op. lat.* III, pp. 411-2), cited in Yates, *Giordano Bruno and the Hermetic Tradition* (London: Routledge), p. 263. The implied reference is to Plato, *Phaedrus* 274C - 275B.

In his *Spaccio della bestia trionfante* (1584) Bruno would define the wisdom of the Egyptians – «which is lost» – as «natura est deus in rebus», or the worship of God «in all things».[6] «For as the divinity descends in a certain manner inasmuch as it communicates itself to nature, so there is an ascent made to the divinity through nature»; but this ascent will depend, Bruno emphasises, on knowledge of the correct magical procedures.[7] In his numerous memory treatises, all written between 1582 and 1591, Bruno's quasi-magical aim was to use numerous, carefully ordered and positioned images of «things» as mnemonic devices so that, ultimately, the possessor of this system could transcend temporal limitations and «reflect the whole universe of nature and of man in his mind».[8] Quintilian had observed that the extraordinary was a crucial aid to memory:

> When we see in everyday life things that are petty, ordinary, and banal, we generally fail to remember them, because the mind is not being stirred by anything novel or marvellous. But if we see or hear something exceptionally base, dishonourable, unusual, great, unbelievable, or ridiculous, that we are likely to remember for a long time.[9]

The memory images described by Bruno are typically astrological and mythological. In his introduction to a late work on the art of memory, his *Lampas triginata statuarum* (Torch of the Thirty Statues), circa 1588, Bruno claims to be reviving a practice of great antiquity, namely

> the use and form of ancient philosophies and of the earliest theologians who used not so much to veil the arcana of nature in types and similitudes as to declare and explain them digested in a series and more

---

[6] «Expulsion de la Bête Triomphante» in *Œuvres Complètes* (eds) Yves Hersant and Nuccio Ordine (Paris: Belles Lettres, 2000), V/2, Troisième Dialogue, pp. 414-5.

[7] According to the most recent editor of this text, Nuccio Ordine, Bruno considered that «l'excellence du culte égyptien» tient... à sa capacité de converser directement avec la divinité à travers ses "effets vivants" et naturels, refusant la médiation du Christ...» («Expulsion de la Bête Triomphante», V/2, p. 568, n. 52).

[8] Frances A Yates, *Giordano Bruno and the Hermetic Tradition*, p. 198.

[9] Quintilian, *Ad Herennium*, III, xxii.

> easily accomodated to memory. We easily retain a sensible, visible, imaginable statue [an image of a mythological figure, usually a deity], we commend easily to the work of memory fabulous fictions; therefore (through them) we shall be able without difficulty to consider and retain mysteries, doctrines, and disciplinary intentions...[10]

In all versions of the art of memory, it was vital that these mental images of the things one wished to remember were organised according to an intricate spatial scheme. Cicero observed of the inventor of the classical art of memory, one Simonides, that

> He inferred that persons desiring to train this faculty [of memory] must select places and form mental images of the things they wish to remember and store those images in the places, so that the order of the places will preserve the order of the things, and the images of the things will denote the things themselves, and we shall employ the places and images respectively as a wax writing tablet and the letters written on it.[11]

The recommendation of many rhetoricians, such as Quintilian, was that the places selected as memory-stores should be familiar, such as the rooms of an empty house; however, several contributors to the art of memory approved the use of imaginative or exotic «places», albeit of compact and definite scope. It is this particular connection which is central to the art of memory, namely, that between imagined place on the one hand and memory-storage and retrieval on the other, that I want to emphasize here, before turning to consider, in the next part of my paper, the relevance of this complex memorial preoccupation to the archaic cultural location of ancient Egypt. For in that pervasive concern with cultural recollection of which the art of memory appears to be a distinctive emblem, the Renaissance was attempting to recover not only the «native and original notions» of the classical mind but also particular geographical sites of cultural origin.

---

[10] Pp. 8-9, cited and trans. in Frances A Yates, *The Art of Memory* (London: Routledge and Kegan Paul, 1966), pp. 290-1.

[11] Cicero, *De Oratore*, II, lxxxvi, 351-4, cited in Yates, *The Art of Memory*, p. 2.

The material cultural legacy of places such as Rome or Athens had necessarily been eroded by temporal decay, yet in their repeated evocation by Renaissance writers and artists such locations effectively functioned as enlarged versions of the memorised place-systems (*loci*) that were fundamental to the art of memory. It was these geographical yet also historically distant *loci*, in other words, that provided the spatial structure or map within which the Renaissance passion for cultural recollection was both strengthened and expanded. Ancient Egypt was just such a memory-site for Renaissance thinkers: especially potent, yet also especially ambivalent, because of its much greater antiquity than either Greece or Rome. Several factors contributed to this status, including the supposedly Egyptian origin of the writings of Hermes Trismegistus, venerated by Neoplatonists and the growing interest of emblem-collectors in hieroglyphics. In late Renaissance England, the first two books of Herodotus' *Histories*, which were much concerned with Egypt's customs and antiquity, were translated into English in 1584; Pliny's *Natural History*, with its allusions to Egypt's «boast and glorie antiquitie», followed in 1601; and Plutarch's *De Iside et Osiride* appeared in Philemon Holland's translation of *The Morals* in 1603.[12] In this text, Holland observes that:

> The wisedome and learning of the Aegyptians hath bene much recommended unto us by ancient writers, and not without good cause; considering that Aegypt hath bene the source and fountaine from whence have flowed into the world arts and liberall sciences, as a man may gather by the testimony of the first Poets and philosophers that ever were. But time, which consumeth all things, hath bereft us of the knowledge of such wisdome: or if there remaine still with us any thing at all, it is but in fragments and peeces scattered heere and there.[13]

---

[12] The impact of these texts upon Shakespeare's *Antony and Cleopatra* has been noted by John Gillies in *Shakespeare and the Geography of Difference* (Cambridge: Cambridge University Press, 1994), p. 119, and in John Michael Archer, «Antiquity and Degeneration: the representation of Egypt in Shakespeare's *Antony and Cleopatra*», *Genre* XXVII (Spring/Summer 1995), pp. 1-27.

[13] Pliny, *The Morals*, trans. Philemon Holland (London: 1603), p. 1286.

These newly available texts, together with other cultural and political factors, suggest that Egypt enjoyed an especial memorial significance in early Jacobean England. And a process of national *anamnesis* certainly had an especial topicality in England between 1605 and 1606, the time at which Shakespeare was not only composing *Antony and Cleopatra*, but also writing his «British» and «Scottish» plays, *Lear* and *Macbeth*. This was a time when the renewal or «union» of the British state was high on the political agenda. In his *Advancement of Learning* of 1605, Sir Francis Bacon alludes not only to personal *anamnesis* but also to that collective process of recollection whereby the nation-states of Renaissance Europe were currently seeking to renew and redefine themselves: specifically, through the antiquarian quest for and remembrance of their archaic origins. Bacon's specific advice is to James's twin realms of England and Scotland, as he urges that:

> [T]hat oracle of rest given to Aeneas, *Antiquam exquirite matrem*, should now be performed and fulfilled upon the nations of England and Scotland, being now reunited in the ancient mother name of Britain, as a full period of all instability and peregrinations: so that as it cometh to pass in massive bodies, that they have certain trepidations and waverings before they fix and settle; so it seemeth that by the providence of God this monarchy, before it was to settle in your Majesty and your generations (in which I hope it is now established for ever), it had these prelusive changes and varieties.[14]

This seeking out (from the Latin *exquiro*) of the nation's *antiqua mater* or «ancient mother», namely Britain, demanded a complex work of memorial retrieval by Jacobean writers and antiquarians: a process that tracked the origins of a putative Britishness in some surprising geographical directions. Thus the theme of Ben Jonson's *Masque of Blackness*, performed at the Jacobean court just a year before the presumed composition of *Antony and Cleopatra*, concerns a journey of Ethiopian nymphs to find the restored Britain. The close links between Ethiopia and Egypt are mentioned in several Renaissance

---

[14] Bacon, *The Advancement of Learning*.

texts; furthermore, there is an implied connection in the masque between an archaic and «black» African origin and Britain, echoing the assertion made in some antiquarian studies that Ethiopia and Egypt were the origins of Scottish (and thus British) identities.[15]

II

Antony and Cleopatra is clearly indebted to this multifaceted memorial preoccupation with Egypt. The play implies that Cleopatra's Egypt enjoys an especially subtle relationship to remembrance, since it is here that the personal or individual memories either expressed by or associated with Antony and Cleopatra are assimilated into a framework not simply of historical, but also of cosmic or superhuman significance. But at the same time, an emphasis upon individual memories also foregounds the highly subjective and inevitably flawed nature of recollection. This ambivalent status of the past in this play is personified by the human mnemonic devices of its two lovers, whose «remarkable» and «wonderful» difference from ordinary humanity is repeatedly stressed, and whose very deficiencies and errors are invested with an exemplary, more-than-human significance. So Enobarbus, remembering – and presumably embroidering upon – the bizarre occasion when Cleopatra hopped «forty paces through the public street», declares that even then «she did make defect perfection,/ And breathless, power breathe forth» (2.2.236-9). The play's vividly eroticised – and humanised – approach to the venerated subject of Egypt seems at first sight strikingly irreverent. In Act I, Cleopatra declares of Antony that «his remembrance lay/ In Egypt with his joy» (1.5.57-8): half a line later, she apostrophizes Antony as «O heavenly mingle!» Like the «mingled» nature of Antony, his «joy» seems to be equally ambiguous in meaning, evoking *both* a state of union with the divine (which is what this word often denotes in 16th century translations of the Bible) *and also*, emphasised by the word «lay», a

[15] Johannes Boemus, in *The Manners, Lawes, and Customes of All Nations, Collected out of the Best Writers* (trans. 1555, 2nd edn. 1611), argues that «they had their first originall from the Aethiopians, who were the first authors of all these things (as Diodorus Siculus is of opinion)», p. 18.

state of sexual bliss or *jouissance.* I am reading Shakespeare's play, therefore, as a work whose reimagining of Ancient Egypt suggests that in this location, the affinity between the pleasurable immediacy of «joy» and remembrance, although most obviously alluding to the erotic pleasure shared between – or more specifically, *remembered* – by the two lovers, ultimately encompasses both meanings of «joy». For while the sensuous and sexual «joy» of the lovers often appears to have a closer connection with folly than with archaic wisdom, and with forgetfulness rather than with memory (a point to which I will return in my conclusion), in the texts of Herodotus and Plutarch Shakespeare would have found allusions to Egyptian rites of remembrance that encompassed erotic as well as mystical «joy». Hence among various lewd Egyptian practices recorded by Herodotus, he noted that to celebrate – or *commemorate* – the feast of Dionysus, the Greek god whom they associated with Egyptian Osiris, the women of Egypt carried puppets made in the shape of phalluses in procession.[16] Likewise, in *De Iside et Osiride*, we are told that Isis, the Egyptian mother-goddess, among her other attributes, «is arbiter in matters of sexual love»[17], and that Osiris, her divine consort, has many other names – identities which accord him also a strong identification with pleasure, passion and erotic love:

> It is better to equate Osiris with Dionysus, and Sarapis with Osiris, since the latter acquired this name when he changed his nature... Sarapis is the name of him who orders the universe... if the name Sarapis is indeed Egyptian, it denotes joy and gladness... Furthermore they [the Egyptians] everywhere show an anthropomorphic statue of Osiris with erect phallus because of his procreative and nourishing nature.[18]

---

[16] Herodotus, *The Histories*, revised trans. A R Burn (London: Penguin, 1972), II 48.

[17] Plutarch's *De Iside et Osiride*, ed. and trans. J Gwyn Griffiths (Lampeter: University of Wales Press, 1970), 372E, pp. 202-3.

[18] *Ibid.*, 362B - 371E, pp. 160-201.

Later, referring to Hesiod's account of the creation of the world, Plutarch suggests that «we [can] assign the name of Earth to Isis, that of Eros to Osiris».[19]

Yet although the lovers are depicted as straddling the worlds of history and myth, they are gradually forced by their tragedy to differentiate themselves from the increasingly circumscribed historical identities that are attributed to them. The tragedy begins, of course with Antony already identified as the «strumpet's fool» who is diverging from his historically memorable role as «plated Mars» and «the triple pillar of the world»; its plot will lead him inexorably to the point where he is figuratively fighting against the *memory* of this Roman self, after Caesar has instructed Agrippa to «Plant those that have revolted [from Antony] in the van,/ That Anthony may seem to spend his fury upon himself» (4.6.8-10). And just before his bungled suicide, it is only through a suggestively different mode of memorial identification, with his putative forebear, Hercules, that Antony can understand his fate. The «ancestral» model of memory evoked here is mythic rather than historical: «teach me,/ Alcides, thou mine ancestor, thy rage:/ Let me lodge Lichas on the horns o'th'moon,/ And with those hands that grasped the heaviest club,/ Subdue my worthiest self» (4.13.43-7).

Hence as Antony's tragedy reaches its climax, for the painful loss of personal meaning that occurs within the context of historical memory is substituted, albeit just as painfully, a more archaic and more mysterious level of meaning, through the «ancestral» and mythic system of memory which he associates with Hercules. At certain moments in the play, these two levels of memory cohere; more often, however, they are implied to be fundamentally incompatible. At the level of historical memory, Shakespeare's play uses Antony and Cleopatra to identify a crucial episode in Western cultural memory – albeit one that was the immediate future for their contemporaries – since the tragedy reminds us repeatedly that their fall coincides with the emergence of a decisive historical epoch and hence of a new temporal paradigm: «the time of universal peace» (4.6.4). This new

---

[19] *Ibid.*, 374C, pp. 208-9.

time, proclaimed by Octavius just before Antony's suicide, was to have a double aspect of both political and religious change, since «universal peace» alludes both to the *pax Romana* established by Octavius as Augustus Caesar, and hence the effective beginning of the Roman Empire, but also to the birth of Christianity.

The play clearly suggests that the *fall* of the lovers who ruled much of the known world has a particular mnemonic function in relation to the impending historical fusion of a new vision of love (Christianity) with Roman political power, as it affords distorted and proleptic anticipations of the nativity (Cleopatra's death), the last supper (Antony's feasting of his men), the crucifixion and the deposition from the cross (Antony's ascent into the monument and death surrounded by Cleopatra and her women), and the repentance of Judas (the death of Enobabus). But the more significant consequence of this association of Antony and Cleopatra's *ends* with an emergent epoch is that the play also invites us to see the lovers themselves as the last mnemonic traces of an earlier, and significantly different age, in which, just before the strange hybridisation of Christianity with Roman culture, an individual yet exemplary Roman was tranformed by love. In this soon-to-be-extinct age, a plurality of pagan gods and of pagan religious beliefs was still preeminent, and the gap between the human and the divine sphere could still be bridged, not just by memory, but, more directly, by joy or bliss in the form of *eros*.

In Act I, Cleopatra tells Antony that «When you sued staying,/ Eternity was in our lips and eyes, / Bliss in our brows bent; none our parts so poor,/ But was a race of heaven» (1.2.33-7). And after his death she laments that «This world did equal theirs [the gods] / Till they had stol'n our jewel» (4.16.78-9). Using a similar device to that commended by Bruno, the play accords the two lovers a mnemonic function comparable to that of his statues of the gods or images of planetary powers, as it compares them to Mars and Venus (Roman planetary powers as well as deities) to Isis, Hercules and also by implication, Osiris (alias Sarapis, Bacchus and Dionysus). Herodotus writes in his *Histories* that:

> the Aegyptians first invented and used the surnames of the twelve gods: which the Grecians borrowed and drew from them. The self same were

> the first founders of Aulters, Images, and Temples to the gods: by whom also chiefly were carved the pictures of beasts and other creatures in stone.[20]

Thus, in Enobarbus' memory of Cleopatra on Cydnus, where she is remembered as «Oe'rpicturing that Venus where we see/ The fancy outwork nature», she is invested with a divine but also quasi-monumental significance, one that, «beggaring all description», is implied to parallel wonders of the ancient world such as the pyramid. A few scenes earlier, Enobarbus has countered Antony's wish that he had never seen Cleopatra with an explicit comparison of her to a quasi-touristic site – a recommended sight for travellers; «O sir, you had then left unseen a wonderful piece of work, which not to have been blest withal, would have discredited your travel» (1.2.152-4).

In the last scene of *Romeo and Juliet* Shakespeare had identified the fate of another pair of tragic lovers with the mnemonic device of the two golden statues that their families propose to erect in their memory; in *Antony and Cleopatra*, the ultimately tragic restoration of the lovers' bond is imaged by their statuelike enthronement «I'th'market-place on a tribunal silvered,/...in chairs of gold» (3.6.3-5). On this occasion, Cleopatra's statue-like appearance is the most distinctive and strange: «She/ In th'habiliments of the goddess Isis/ That day appeared, and oft before gave audience,/ As «tis reported, so» (3.6.16-9); and this statueesque effect is confirmed at her death, when «now from head to foot/ I am marble constant» (5.2.239-40). Yet Cleopatra's posthumous memory-dream of Antony is similarly statue-like, in her implied comparison of the dead hero to the ancient wonder of the Colossus of Rhodes, a gigantic statue of a man that straddled the harbour of Rhodes:

> I dreamt there was an Emperor Anthony –
> O, such another sleep, that I might see
> But such another man!...
> His face was as the heavens, and therein stuck

---

[20] *The Famous History of Herodotus*, trans. B.R. (London: Thomas Marshe, 1584), 70v, 78v.

> A sun and moon, which kept their course and lighted
> The little O o'th'earth...
> His legs bestrid the ocean; his reared arm
> Crested the world; his voice was propertied
> As all the tuned spheres – and that to friends –
> But when he meant to quail and shake the orb,
> He was as rattling thunder. For his bounty,
> There was no winter in't – an autumn «twas
> That grew the more by reaping. His delights
> Were dolphin-like; they showed their back above
> The element they lived in. In his livery
> Walked crowns and coronets; realms and islands were
> As plates dropped from his pocket. (5.2.76-92)

In this poignant corruption of personal and historical memory, Cleopatra converts Antony into an Osiris-like deity that resembles an entire memory-system, since within the frame created by his body a whole cosmos of meaning can be contained and organised.

Dolabella's response to Cleopatra's dream-memory image, when she asks him «Think you there was, or might be such a man/ As this I dreamt of?» (5.2.93-4), is incredulous. From a rational and historical point of view, her «Emperor Antony» is a wilful act of misremembe-ring. But paradoxically (although also appropriately, given the Renaissance love of paradox), the mnemonic importance of Egyptian wisdom is often signalled in this play by just such memorial distor-tions, as its emphasis upon the *forgetfulnesss* of both self and state that is attendant on the lovers' passion expands to encompass the idea of oblivion or *lethe* – as an uncanny memorial boundary that, like the underworld river of that name, has by implication to be crossed in order to recover otherworldly knowledge. At one level, this motif of *lethe*, or forgetting, can be read as a subtle realignment of those powerful links between tragedy and memory, or remembrance, that inform Shakespeare's earlier tragedies, and which are especially resonant in *Hamlet* and *Macbeth*. In *Antony and Cleopatra*, however, the interrelationship of memory and forgetting has a significance that extends well beyond the emotional and moral sphere. For only in this play, among all of Shakespeare's tragedies, are both memory and oblivion invested with a quasi-mystical function.

In a characteristically cryptic but highly suggestive formulation, Jacques Derrida has remarked that «At the origin there was the ruin. At the origin the ruin happens, it is what happens first, to the origin».[21] His words serve to remind us of the memorial loss or concealment that inevitably marks any privileged site of beginning, but also of the subtle connection between *lethe* as forgetfulness and primordial or archaic time. In Shakespeare's play, the erotic and sensual pleasures of Egypt are represented as inspiring a «leth'd dullness»; not simply in the libertine Antony but also in Cleopatra. Whereas Antony's brain fumes with the effects of Egyptian liquor, and his military responsibilities are «prorogued» in Alexandria by sleep and «feeding» – «even till a leth'd dullness», Cleopatra experiences the mutability of their love as inducing an effect of forgetfulness, as she identifies Antony himself with oblivion of or obliviousness to her: «O, my oblivion is very Antony/ And I am all forgotten» (1.3.91-2). Later, she desires to drink mandragora «That I may sleep out this great gap of time/ My Antony is away» (1.5.5-6).

But the lovers' forgetfulness of their historical, temporal selves – which is also, by implication, a forgetting of historical time – should not, I think, be read as unequivocally negative in a play that is so suspicious of the limitations imposed by the demands of historical memory. And in the scene on Pompey's ship the peculiar interrelationship of this Egyptian «lethe» with an archaic or «antic» soul-memory is vividly suggested.

It is important to note here, not only that this scene is positioned more or less at the centre of the play, but also that only here is «Alexandrian feast» actually staged for us – albeit this is a mimesis of an Alexandrian feast by a group of Roman males. But it is in this strange context that the «Leth'd dullness» that is supposedly caused by such festive indulgence assumes a ceremonial, indeed, a paradoxically commemorative function, as the forgetfulness of self which results from excess of drink is preceded by a ritual dance to Bacchus. And since Bacchus was a name of Dionysus we can read this, I suggest, as a Romanised version of a rite to Osiris.

---

[21] Jacques Derrida, *Mémoires d'aveugle. L'autoportrait et autres ruines* (Paris: Louvre, Editions de la réunion des musées nationaux, 1990), p. 69.

Antony declares:

> Come, let's all take hands
> Till that the conquering wine hath steeped our sense
> In soft and delicate Lethe. (2.7.105-7)

Caesar, in contrast, is sternly critical of the self-oblivion that is produced by the dance, as well as the drink, and he exits declaring that: «This wild disguise hath almost/ Anticked us all» (2.7.105-7). But his words additionally suggest that the «antic» folly of this drunken obliviousness is allied with a momentary effect of *anamnesis*, in a fleeting recreation of the chaos and darkness of man's primal or «antique» origins. For he remarks that the Romans' complexions have been darkened by drink – «You see we have burnt our cheeks» – as the racial difference between Romans and Egyptians appears briefly to be extinguished.

Writing of the archaic origins of dance, the Greek author Lucian, who was much admired in the Renaissance, claimed that «Dance came into being contemporaneously with the primal origin of the Universe, making her appearance together with Love – the Love that is age-old».[22] He asserted that: «not a single ancient mystery-cult can be found that is without dancing ... those who let out the mysteries in conversation are commonly said to dance them out».[23] Hence Lucian stresses that dance is crucially related to the power of memory:

> Before all else ... it behoves her [Dance] to enjoy the favour of Mnemosyne and her daughter Polyhymnia, and she endeavours to remember everything; like Calchas in Homer, the dancer must know «what is, and what shall be, and was of old» .... Beginning with Chaos and the primeval origin of the world, he must know everything, *down to the story of Cleopatra the Egyptian'* [my emphasis].[24]

---

[22] The Dance' in *Lucian*, trans. A M Harman, 8 vols, V (London: Heinemann, 1962), 7, pp. 220-1.

[23] *Ibid.*, 15, pp. 228-9.

[24] *Ibid.*, 37, pp. 246-9.

At this pivotal point in the play, then, we are shown a Roman *mimesis* of the Egyptian mysteries, which is consequently presented to us as an imperfect representation or remembering: a memorial reconstruction that is most obviously distorted through the one culture's flawed reception of the other. Our attention is therefore drawn to the ways in which recollection and forgetting, anamnesis and oblivion, are intimately allied, not just in the dramatic narrative, but additionally, in all cultural acts of memorialisation. Nonetheless, the prominence given to dance in the implicitly flawed recollection of the Egyptian mysteries by Antony and Enobarbus suggests that the «memory» evoked here cannot be translated into a purely intellectual knowledge, but that instead, as the remarks of Lucian suggest, it can best be communicated through a bodily, quasi-erotic form of showing. The scene on Pompey's ship further suggests that this kinetic or experiential form of recollection can only be apprehended by those who, unlike Caesar, are willing to suspend their rational judgement and participate fully in the «mystery».

If we read this scene as constructing an anamorphic or Roman-angled version of Egyptian anamnesis, and simultaneously as commenting upon the ambivalence of the Renaissance desire to restaging and remembering antique culture, then the process seems to involve a radical forgetfulness or misremembering that, from a historical point of view, seems dangerously irresponsible. But the added implication is surely that, once historical memory has been «anticked», or made a fool of, then this other memorial practice – whose primary inspiration, in this play, appears to be «joy» or bodily pleasure – is capable fleetingly of demonstrating the underlying affinity between all seeming opposites, as it elides Roman with Egyptian, history with myth, war with love, and finally, forgetting with recollection.

Philippa BERRY
King's College Cambridge

DEUXIÈME COLLOQUE
(9 et 10 mars 2001)

M.T. JONES-DAVIES	La Besace du Temps.
D. MENAGER	Le mythe du Léthé dans quelques œuvres de la Renaissance.
M. MARRACHE-GOURAUD	Au sujet de quelques « malignes bestes » ; Rabelais, l'écriture et l'oubli.
E. PAGANELLI	*The Broken Heart* by John Ford: between memory and oblivion.
L. BOLZONI	L'Art de la mémoire et le travail de l'oubli à la Renaissance.
J. CÉARD	La physiologie de la mémoire selon le médecin Jean Fernel.
T. HOENSELAARS	Forget about *Henry the Fifth* ?

Appendice

G. MADEC	La Drachme perdue : méditation augustinienne sur la mémoire et l'oubli (*Confessions*, livre X).

LA BESACE DU TEMPS

«Le Temps a sur le dos une besace/ Où il accueille des aumônes pour l'Oubli;/ Ce monstre géant d'ingratitude. Ces restes(perdus dans cette besace) ce sont les bonnes actions passées, dévorées/ aussitôt que faites, oubliées aussitôt/ qu'accomplies.» (*Troilus and Cressida* [Ulysse] III.3.145-150).

Shakespeare est, selon Palmer[1], le seul à avoir appliqué au Temps, cette métaphore de la besace. Les *Emblèmes* d'Alciat, entre autres, ne représentent pas le Temps ainsi, mais on voit parfois, à l'arrière-plan de tel ou tel emblème, la silhouette d'un homme qui chemine en portant sur le dos une besace en travers de son épaule droite. Image de la progression de la vie. L'Edition Arden de *Troilus and Cressida* (1982) offre au sujet de ces vers les notes de Kenneth Palmer, indiquant que traditionnellement un sac porté par devant était censé contenir les vices de votre voisin, mais, porté par derrière, vos propres vices, lesquels emblématiquement, vous avez oubliés. Shakespeare renverse l'image transformant les vices en bonnes actions qu'on oublie.

Ici, le Temps apparaît dans son rôle destructeur: les bonnes actions sont dévorées, donc vite oubliées, ce qui rappelle l'autre figure du Temps, Chronos ou Saturne, qui dévorait ses enfants, ou selon Pythagore «Tempus edax», «le Temps dévoreur»[2]. On sait qu'à l'opposé le Temps peut être aussi révélateur de vérité.

«La mémoire est du passé» dit Ricœur dans son récent ouvrage *La Mémoire, l'Histoire, l'Oubli*[3] et il explique : «Ce passé est celui de mes impressions; en ce sens ce passé est mon passé. C'est par ce trait que la mémoire assure la continuité temporelle de la personne... ce qui

---

[1] Kenneth Palmer, édition Arden de *Troilus and Cressida,* note, p. 112.

[2] S.K. Heninger, Jr.,*Touches of Sweet Harmony*, The Huntington Library, San Marino, Calif., 1974, p. 224 : Voir Pythagore, dernier livre des *Métamorphoses* d'Ovide, XV, 234-235.

[3] Paul Ricoeur, *La Mémoire, l'Histoire, l'Oubli*, Paris, Le Seuil, 2000, p. 116.

me permet de remonter du présent aux événements les plus lointains de mon enfance. » saint Augustin nous éclaire sur la manière dont les souvenirs sont retenus : « La mémoire recueille les impressions qui ont leur cause hors du corps et dans le corps; [elle] les recueille toutes dans ses vastes retraites, dans ses secrets et ineffables replis pour les rappeler et les reprendre au besoin » (*Confessions, X, viii*) Il évoque aussi auparavant « les vastes plaines de la mémoire où se trouvent les trésors des images inoubliables véhiculées par les perceptions de toutes sortes. » Car, comme l'affirme Aristote dans son *De Anima* « l'âme ne pense jamais sans une image mentale. »[4]

Mais, par quel mécanisme la formation de ces images est–elle assurée?

Je choisirai la description de ce mécanisme qui synthétise la vision médiévale de la mémoire dans le 9ème Chant du Deuxième Livre du poème allégorique *La Reine des Fées* d'Edmund Spenser. L'allégorie du Château de l'Âme, fait suite à celle du Château du Corps, lieu commun des ouvrages romanesques et religieux au Moyen Âge[5]. Dans ce Château du Corps, qui remonte au *Timée* de Platon, on retrouve les idées de Vitruve, qui relie les proportions du corps à celles des anciens temples[6]. Quant au château d'Alma, il illustre la tempérance chrétienne face au péché originel. On remarque qu'il figure au Chant IX, qui justement, selon Macrobe, est le nombre de l'âme[7]. Il y a neuf ordres d'anges en relation avec les neuf sens de l'âme: cinq externes (l'ouïe, la vue, l'odorat, le goût, le toucher) et quatre internes : (la mémoire, la pensée, l'imagination, le sens commun). On sait aussi que dans le système de Ptolémée, la neuvième sphère est céleste: le primum mobile. Le Château de l'Ame nous éclaire sur la manière dont les Elisabéthains, à la suite des médiévaux, se représentaient la psychologie.

La mémoire est du corps. Le voyage dans le corps est vu comme une ascension, depuis le ventre, qui absorbe nourriture et boisson, dont

---

[4] 432a-9. également cité par F.A. Yates, *The Art of Memory*, Penguin Books, 1966, p. 47.

[5] Douglas Brooks-Davies, *Spenser's Faerie Queene, a critical commentary on Books I and II*, Manchester Univ. Press, 1977, p. 161.

[6] Brooks-Davies, *ibid.*, p. 161.

[7] Macrobe, *Rêve de Scipion*, I.61-62-82. Voir aussi D. Brooks-Davies, *ibid.*, p. 164.

les déchets sont évacués par la Porte du Mont Esquilin [l'anus: le Mont Esquilin, l'une des sept collines de Rome à l'est, était un lieu d'exécution des criminels; il était hanté par les loups; et l'on y enterrait aussi les pauvres.][8] Puis après le ventre, la poitrine où se trouve le cœur, siège de la vie, et enfin la tête –la tourelle du Château—qui contient le cerveau. On y oppose le ventricule antérieur (*cellula phantastica* ou l'imagination), la région moyenne (*cellula logistica*, habitée par la Raison) et le ventricule le plus en arrière, froid et sec, le *cerebellum*, qui est le lieu de la mémoire.

Dans la tourelle – la tête – on trouve trois pièces: la première (l'imagination, où loge Phantastes) est peinte de diverses couleurs. La deuxième, la *cellula logistica,* a sur ses murs des fresques montrant les exploits de tous les arts, de toutes les sciences, de toute la philosophie. La troisième en ruines, décrépite et donc tout à l'arrière, renferme la mémoire. Des personnifications et allusions multiples animent l'allégorie. A la strophe 49, les trois facultés mentales sont en corrélation avec les trois parties du temps: en effet, la première de ces facultés pouvait prévoir l'avenir (Phantastes); la suivante (Raison avec intelligence) pouvait mieux juger le présent; et la troisième pouvait garder le passé en mémoire. Cela évoque le tableau du Titien (milieu du XVIe siècle) pour l'allégorie de la Prudence[9], dont trois visages humains expriment la devise: celui d'un vieillard tourné vers la gauche(la mémoire, le passé), celui d'un homme d'âge moyen, de face (l'intelligence, le présent), et celui d'un jeune homme orienté vers la droite (prévision, avenir). En suivant les visiteurs, conduits par Alma, on arrive à une chambre délabrée, où se tenait assis un vieil homme, un très vieil homme, à moitié aveugle, décrépit, mais doué d'une grande vigueur d'esprit. Cet homme conservait ses souvenirs infinis dans un écrin immortel. Sa chambre était tapissée de toutes ses archives, rassemblées dans des livres ou des rouleaux de parchemin tout mangés des vers. Mais il n'avait pas la force d'aller les prendre pour les consulter. Aussi, un jeune garçon était-il à son service: c'était *Anamnestes* et le vieillard s'appelait *Eumnestes*. Telle était l'image

---

[8] Brooks-Davies, *ibid.*, p. 165.

[9] Cf. F.A. Yates, *The Art of Memory, ibid.*, p. 165. Voir reproduction du tableau du Titien, 9b Allegory of the three parts of Prudence.

inoubliable de la Mémoire, mais avant de la rencontrer, les visiteurs avaient passé devant *Phantastes*, l'Imagination.

On peut se demander pourquoi la Mémoire est ici à moitié aveugle, et aussi quels sont les rapports existant entre Imagination et Mémoire.

D'abord, le vieillard Mémoire est à moitié aveugle . C'est sans doute, comme le remarque entre autres saint Augustin, que l'âme humaine est trinitaire[10], avec ses trois facultés: mémoire, raison (intelligentia, cognitio) et volonté (voluntas, providentia). Seule, livrée à elle-même, la mémoire ne peut rien; elle doit être en rapport avec l'intelligence ou avec la volonté.

Quant à la deuxième question, les rapports entre Imagination et Mémoire – ce qui pousse saint Augustin à parler « des trésors des images innombrables véhiculées par les perceptions de toutes sortes » (*Confessions* X, viii), elle n'est pas aussi simple qu'il semble. En effet Alma, l'âme rationnelle, inclut aussi les pouvoirs et accomplit les devoirs de deux autres âmes contenues en elle. Les trois âmes, végétative, sensitive et rationnelle constituent une seule âme, qui est elle-même inorganique. Voyons maintenant le processus à l'œuvre pour la formation des images, ces « images mentales », sans lesquelles l'âme ne peut penser (Aristote, *De anima*).

Au Moyen Age, les savants estimaient communément, selon la suggestion de Galien, que les cinq sens alimentaient le « sens commun », réserve sensorielle générale située dans le cerveau, d'où provenaient la mémoire, mais aussi la connaissance, la fantaisie, les rêves. Ce sens commun était relié au cœur, centre des sentiments. Ainsi, les sens s'apparentaient au cerveau, et le cœur dirigeait le gouvernement du corps. Un MS allemand du traité d'Aristote sur la logique et la philosophie naturelle montre à l'intérieur du cerveau cinq petits cercles reliés entre eux et représentant de gauche à droite le lieu du sens commun, puis les lieux de l'imagination, de la fantaisie, de la cogitation et de la mémoire[11]. On supposait en outre qu'à la base du

---

[10] Voir *Les Confessions*, livre X. et F.A Yates, *ibid.*, p. 62 : « Augustine conferred on memory the supreme honour of being one of the three powers of the soul, Memory, Understanding and Will, which are the image of the Trinity in man. »

[11] Une reproduction se trouve entre autres dans Alberto Manguel, *A History of Reading*, Harper Collins, 1996, p. 30.

cœur se trouvait un « merveilleux filet », « *rete mirabile* », formé de petits vaisseaux, sortes de canaux de communication. Ce « *rete mirabile* » figure sur un dessin d'environ 1508 par Leonard de Vinci[12]. Selon Leonard, le sens commun juge les impressions transmises par les sens. Les objets divers transmettent leurs images aux sens et les sens les conduisent au centre des impressions, l'*impresiva.* Ce centre les communique au sens commun; de là, ils s'impriment sur la mémoire, où ils se fixent selon leur importance. Ainsi l'esprit humain n'est pas sans ressembler à un petit laboratoire.

Il peut être intéressant de relever dans quelques textes de la Renaissance des allusions à la mémoire et aux connaissances anatomiques du temps. L'œuvre de Shakespeare offre plus d'une illustration. J'en retiendrai quelques-unes :

Dans *Hamlet* (I.3.58), Laerte, avant de quitter le Danemark, donne ses conseils à Ophélie :

> « veille à *graver* ces quelques préceptes dans ta mémoire »

cependant qu'Hamlet promet au fantôme *d'effacer* de sa mémoire ce qui l'empêcherait de suivre le commandement de son père:

> « Des tablettes de ma mémoire, *j'effacerai* toutes mes notes futiles et stupides
> ... toutes impressions du passé
> Que la jeunesse et l'observation y ont inscrites. »

Ces allusions et d'autres dans I*HenryVI*, II, 4, 101 : « I'll note you in my book of memory » (« Je vous stigmatiserai dans mon livre de la *mémoire* »), ou dans *II Henry VI,* I,I,100 « Blotting your names from books of memory » (« effaçant vos noms des livres de mémoire ») aux « livres de la mémoire » rappellent le *Théetète* de Platon, où Socrate parle du bloc de cire dans nos âmes, sur lequel perceptions et pensées s'impriment comme le cachet d'un sceau[13].

---

[12] Pour une reproduction, voir aussi Manguel, *ibid.*, p. 31.

[13] *Théetète, 191 C-D.* Voir aussi F.A. Yates, *ibid.*, p. 50.

Dans *Macbeth* (I. vii) Lady Macbeth propose d'enivrer les deux chambellans de Duncan, pour rendre le meurtre du roi possible. Elle annonce : « je terrasserai si bien, par le vin et l'orgie, ses deux chambellans, que leur mémoire, cette gardienne du cerveau, ne sera plus que fumée, et le réceptacle de leur raison un simple alambic. » La mémoire est représentée comme gardienne du cerveau, le cerebellum, le ventricule situé le plus en arrière du cerveau. Elle peut prévenir la Raison des dangers, mais le vin et l'orgie l'empêcheront d'agir.

Dans la comédie *Peines d'Amour Perdues* (IV. ii), Holoferne explique comment sont crées ses idées extravagantes dans le ventricule de la mémoire (à l'endroit où la mœlle épinière pénètre dans le cerveau), au sein de la *pia mater*, cette fine membrane qui enveloppe le cerveau.

Dans *Troilus et Cressida* (III.ii.184),sont soulignés les rapports de la mémoire et du temps :

> Quand le temps se sera oublié à force de vieillir,
> Quand les gouttes d'eau auront usé les pierres de Troie,
> Et que l'aveugle oubli aura dévoré des cités
> Et que de puissants Etats restés sans monuments se seront émiettés
> Dans la poussière du néant – qu'alors la mémoire humaine
> Revienne, de fausseté en fausseté, au milieu des amantes perfides
> Dénoncer ma fausseté. Quand tous auront dit
> « Fausse comme l'air, comme l'onde, comme le vent, comme le sable,
> Comme le renard à l'agneau, comme le loup au veau
> Le léopard à la biche, ou la marâtre à son fils »
> Qu'ils disent alors pour frapper la fausseté au cœur:
> « Fausse comme Cressida ».

Lorsque saint Augustin analyse combien il est difficile de mesurer le temps, il finit par parler de ce monde muable, domaine du changement (II.245), lequel rend possible la conscience et la mesure du temps. Car le temps est fait des changements qui se produisent dans les choses, des vicissitudes et des transformations des apparences, dans la durée. C'est exactement ce que nous rencontrons ici, dans ce texte qui décrit le vieillissement du temps, par l'usure des pierres de Troie. C'est de l'oubli aveugle que naît la mémoire, non plus aveugle cette fois, mais la conscience même du temps. Ainsi s'émiettent les puissants Etats dans la poussière du néant.

Revenons au neuvième Chant du Deuxième Livre de *La Reine des Fées* de Spenser. A propos de Phantastes, l'Imagination, on note qu'il occupe une chambre remplie de mouches, pareilles à des essaims d'abeilles, représentant les pensées oiseuses, les rêves, les prophéties – autant de notions incontrôlées, qui pourraient porter les fruits de l'art créateur, mais peuvent aussi n'être qu'inventions et opinions fausses, contes, tout ce qui est feinte et mensonge. Phantastes a le regard sombre, les yeux fixes de la folie; il est mélancolique comme Saturne. Ces derniers traits peuvent bien signifier pour Spenser, comme pour Shakespeare, que l'artiste et le poète ne sont guère éloignés du fou : on se souvient des vers du *Songe d'une Nuit d'Eté* (V.i.7-8) :

> Le fou, l'amoureux et le poète
> Sont tous faits d'imagination.

Avant de quitter le Château d'Alma,les visiteurs, Sir Guyon et le prince Arthur, examinent les anciens registres de la bibliothèque du vieillard Mémoire. Le Prince découvre un ouvrage ancien *Les Monuments de Bretagne,* cependant que Sir Guyon s'arrête à *L'Antiquité du Pays des Fées.* Tous deux, brûlant du désir fervent de comprendre les ancêtres de leur pays demandent à Alma et au vieillard l'autorisation de lire ces livres .Leur désir est exaucé tant il est vrai qu'ils ont le droit de connaître leur propre histoire.

Dès lors, le Chant X du Livre II se transforme en une chronique des rois de Bretagne, depuis Brutus jusqu'au règne d'Uther Pendragon, et des souvenirs des empereurs des Fées jusqu'au temps de Gloriana. La mémoire est la gardienne de l'ordre même du monde emblématisé par la continuité qu'elle garantit. Si la mémoire individuelle conduit vers une tradition ancienne de « réflexivité » (quand l'homme intérieur se souvient de lui-même, par exemple saint Augustin) la mémoire collective tend vers l'effort nécessaire pour la rencontre des autres dans l'objectivité. Cette citation de Ricœur nous amène à voir les prémisses d'une mémoire collective, puisque comme l'illustrent les Chants IX et X du 2ème Livre de *La Reine des Fées,* voilà que commence à poindre la notion d'histoire. Cette histoire est archivée dans la chambre de la mémoire individuelle. Les Monuments de Bretagne qui la constituent font bientôt le contenu d'un nouveau chant, le Chant X, séparé du Chant IX, ce qui signifie que la mémoire collective prend son autonomie par rapport à la mémoire individuelle.

La structure du poème est signifiante; signifiante dans sa manière d'intérioriser l'histoire du peuple de Bretagne, puisque l'histoire de ce peuple apparaît dans l'un des livres de la *camera obscura* du Château de l'Ame. La citation de Ricœur tente d'analyser l'émergence d'une mémoire collective et d'historiciser la dualité mémoire individuelle/ mémoire collective. En considérant ce que montre le poème et pas seulement ce qui y est dit, on peut observer comment sont liées les deux mémoires, individuelle et collective, et comment s'établit le rapport entre elles. On devine donc, avec Spenser que le regard historique est en train de naître.Une peinture murale de Raphaël Mengs dans : la Sala dei Papiri du Vatican montre Chronos portant sur ses ailes le livre où Clio tient ses registres[14]. Clio, c'est donc l'histoire qui nous offre la mémoire collective du passé, laquelle prend ici la place de la mémoire individuelle. Et ici, avec Spenser, le ton change. Comme l'indique Jacques le Goff dans *Histoire et Mémoire,* la succession de tous les souverains assurait à la Bretagne "la continuité dans la connaissance de son passé", comme Israël semblait en avoir acquis le sens par l'institution monarchique (Saül, David, Salomon)[15]. Et, comme au Moyen Age, Spenser attire l'attention des lecteurs sur « le point central de l'histoire », l'incarnation du Christ, ici sous le règne de Cymbeline « mémoire joyeuse de temps heureux / où la grâce céleste se manifeste avec tant d'abondance » (strophe 50)[16].

La nation est la référence majeure de la mémoire historique[17]. Elle apparaît avec ses souverains bons ou mauvais, couronnés de succès ou proies de l'échec, ses batailles, ses rivalités, ses légendes (comme celle de Sabrina, qui deviendra la rivière Severn). La strophe 46 met entre autres en évidence la grandeur du roi Lud, qui réédifia les remparts de

---

[14] E. Panofsky, *Essais d'Iconologie*, Paris, Gallimard, 1967, p. 118, note 2. Cette peinture murale est reproduite dans H. Voss, Bibl. 384, fig. 423.

[15] J. Le Goff, *Histoire et Mémoire,* Paris, Folio/Histoire, Gallimard, 1988, p. 47.

[16] Ricoeur, *ibid.*, pp. 114 et 438.

[17] Ricoeur, *ibid.*, p. 516.

Troynovant, la Nouvelle Troie (Londres), contre ses ennemis, et construisit la Porte nommée en son nom (Ludgate), où il fut solennellement enterré. Ici, mémoire personnelle et mémoire collective s'enrichissent du passé historique, qui, ainsi que dit Ricœur « s'intègre à la mémoire vivante »[18]. En effet, Troynovant et Ludgate sont bien des souvenirs toujours très présents, qui appartiennent à la mémoire vivante, et Spenser n'a-t-il pas puisé dans l'histoire lorsqu'il donne au corps emblématique les noms des lieux géographiques de l'histoire ? La mémoire est l'un des lieux du corps et il n' y a pas de solution de continuité entre elle et la mémoire de cet autre corps qu'est le corps politique: c'est ce que signifie la contiguité entre le chant IX et le chant X de *La Reine des Fées.*

On pourrait dire, à propos du peuple de Londres, tel que Spenser le montre ce que saint Augustin a écrit à propos de l'humanité : « Sa vie se déroule comme celle d'une seule personne » (*De Vera Religione,* XXVII, 50). Ces paroles s'appliqueraient à la nation de Bretagne tout entière, telle que la fait revivre la chronique du Xème Chant du II ème Livre de *La Reine des Fées.*

Si le chroniqueur ici et là souligne que rien de terrestre n'est assuré de durer, il lui arrive aussi de dire que si la mort força au repos les plus valeureux, pourtant leur mémoire a survécu (strophe 43). Le Temps alors n'est plus le destructeur qui accueille des aumônes pour l'Oubli, comme dans la citation de *Troilus and Cressida*; il reprend son rôle de révélateur, celui qui éprouve et découvre la Vérité.

M-T. JONES-DAVIES

[18] Ricoeur, *ibid.*, p. 515.

LE MYTHE DU LÉTHÉ DANS QUELQUES ŒUVRES DE LA RENAISSANCE

Depuis longtemps, la mémoire est notre idole, et en cela, nous sommes bien les fils et les filles de la Renaissance, tributaire elle-même de la philosophie grecque. On sait avec quelle passion les humanistes ont réfléchi sur les mécanismes de celle-ci, et sur ses pouvoirs[1]. A tel point même que les écrivains affligés d'une mauvaise mémoire, comme Montaigne, finissaient par avoir des « complexes » ou faisaient semblant d'en avoir[2]. A cet égard, il se peut que le livre de H. Weinrich, *Léthé*[3], marque un tournant important. Non que le critique allemand ait voulu réhabiliter l'oubli : ce serait un paradoxe assez vain. Il s'est plutôt interrogé, dans une belle et vaste enquête, sur nos représentations de l'oubli, en commençant par le fleuve qui l'incarne et qui donne son titre au livre : le Léthé. L'oubli est un mythe et un concept. Weinrich parle de l'un et de l'autre. Il se peut qu'à la Renaissance, le premier soit plus important que le second, parce que plus riche, plus souple, en un mot : plus vivant. Cette souplesse permet au mythe de contester, par des biais, des détours, des stratégies obliques, cette religion de la mémoire qui finit par devenir pesante.

Encore faut-il le trouver. A cet égard, la consultation des index et autres concordances s'avère quelque peu décevante. Le mot « Léthé » se trouve deux fois chez Ronsard, une seule fois chez Du Bellay. Ce qui nous surprend, car si nous interrogeons notre mémoire, nous avons l'impression d'avoir rencontré plusieurs fois, dans ces textes, les eaux de l'oubli. En fait, le Léthé aime se faire oublier : les poètes le

---

[1] Voir avant tout le livre de F. A. Yates, *L'art de la mémoire*, tr. fr., Paris, Gallimard, 1975.

[2] Voir notamment, dans les *Essais*, le chapitre II, 17 (« De la praesumption »).

[3] *Léthé. Art et critique de l'oubli*, tr. fr., Paris, Fayard, 1999. L'édition allemande, parue chez Beck, à Munich, est de 1997.

désignent très souvent par des périphrases. Ils évoquent par exemple la « rive oublieuse »[4], ou le « fleuve qui fait toute chose oublier »[5]. Périphrases que l'on aurait tort de négliger sous le fallacieux prétexte qu'il s'agit là de rhétorique. Et finalement, plus on le cherche, plus on le trouve, associé parfois à un autre fleuve, le Sélemne[6], qui procure lui aussi l'oubli. Reste à savoir de quel oubli il s'agit et quelle valeur il possède. A la fin de la Renaissance, se multiplient les récits qui ironisent sur la *doxa* issue de Platon et des platoniciens. L'audace philosophique se donne tous les droits mais le plus audacieux de tous, ce n'est pas à la fin de la Renaissance que nous le trouverons, mais au début du XIVeme siècle : je veux parler de Dante.

Commençons, si vous le voulez bien, par les textes majeurs de l'héritage philosophique, c'est-à-dire par Platon et Virgile, escortés de quelques *minores*.

Les deux références platoniciennes se trouvent dans le *Phèdre* (248), d'une part, dans la *République*, d'autre part (621a). Le premier de ces dialogues, à vrai dire, ne mentionne pas le Léthé. Mais le mythe constitue en quelque sorte l'hypotexte du passage où il est question de la destinée des âmes et de leur « procession » et qui suit de près un autre passage célèbre : celui de l'attelage ailé. « Toute âme qui, ayant appartenu à la compagnie d'un Dieu, a vu quelque chose des réalités véritables, est saine et sauve jusqu'à la révolution suivante, et, si toujours elle se montre capable de satisfaire à cette condition, c'est pour toujours qu'elle est exempte de dommage ; mais lorsque, ayant

---

[4] Pontus de Tyard, *Les Erreurs amoureuses*, I, 18.

[5] Ronsard, *La Franciade*, éd. 1584, livre IV, v. 851, *Œuvres complètes*, éd. Céard-Ménager-Simonin, t. I, p. 1130.

[6] C'est le « Sélemne » qui est retenu par Pontus de Tyard dans ses *Douze fables de fleuves ou Fontaines* [...]. Il lui consacre sa troisième description et explique que Venus a donné à ce fleuve la « vertu de faire oublier l'Amour à ceux qui sont tourmentez de celle passion » et qui viendraient se baigner dans ses eaux (*Œuvres poétiques complètes*, éd. J. C. Lapp, Paris, STFM, 1966, p. 261). Le Sélemne est encore présent dans l'iconographie de la Renaissance comme on le voit chez Cartari (édition de 1580) et dans certains tableaux : voir O. Kurz, « Gli Amori de'Caracci : Four Forgotten Paintings by Agostino Carraci », *JWCI*, 1951, p. 220-233. Quand on se baignait dans l'eau de ce fleuve, qui, selon la légende, coulait en Achaïe, on oubliait toutes les peines d'amour.

été incapable de suivre de près le Dieu, elle n'a point vu, et que, victime de quelque disgrâce, *gorgée* d'oubli et de méchanceté, elle s'est appesantie et que cet appesantissement a fait tomber les plumes de ses ailes, qu'elle est tombée sur la terre, c'est alors une loi que, à la première génération, elle ne s'implante en aucune forme de bête »[7]. J'ai lu en entier ce passage parce qu'il fait apparaître une référence, discrète mais bien réelle, à l'eau qu'on boit et qui fait oublier : en somme le Léthé. Mais je l'ai lu aussi parce qu'il permet de bien distinguer la pensée de Platon de certaines interprétations néoplatoniciennes. Ce qui est condamné par Socrate, c'est l'oubli des idées, et en aucune manière l'association de l'âme et du corps. Il la condamne si peu que la punition de l'oubli, c'est l'absence de réincarnation. En revanche, ceux qui sauront se souvenir de leur commerce avec les dieux, ceux qui n'oublieront pas les Idées, ceux-là deviendront des savants, des amis de la beauté, des philosophes et des rois. Il est donc tout à fait possible, dans le cours d'une vie terrestre, d'exercer cette mémoire métaphysique. La perspective de la *République* où le Léthé apparaît à l'intérieur du mythe d'Er, est un peu différente[8]. Le Pamphilien raconte à ses auditeurs ce qu'il a vu dans l'autre monde et dans quelles circonstances les âmes reviennent vers la vie : «Toutes sans exception se mirent alors en route vers la plaine du Léthé, par une terrible et suffocante chaleur, et de ce fait, ce lieu était vide d'arbres et de tout ce que produit la terre. Ils dressèrent ensuite leur tente le long du fleuve Amélès, dont aucun récipient ne peut retenir l'eau. Or, c'était pour tous une nécessité d'avoir bu de cette eau une quantité mesurée, mais ceux que la prudence ne sauvegarde point en boivent plus que la mesure, et, chaque fois qu'on en boit, on oublie tout »[9]. Arrêtons-nous un peu sur ce passage fameux entre tous. Pour remarquer d'abord que notre mémoire nous a trompés. Elle nous disait que le Léthé, chez Platon, était un fleuve, alors qu'il s'agit d'une plaine. Il y a certes, dans cette description, un fleuve, mais c'est le fleuve « Amélès », « dont aucun récipient ne peut retenir l'eau » (621a). Un

[7] Platon, *Phèdre*, 248 c-d, traduction L. Robin, *Œuvres complètes*, « La Pléiade », 1950, t. II, p. 16.

[8] Curieusement, dans son livre, Weinrich n'en dit pas un mot.

[9] *La République*, 621a, tr. Robin, édition citée, t. I, p. 1240.

fleuve dont la signification pose quelques problèmes. Une note de L. Robin nous explique que ce nom signifie « Sans souci ». Quand on boit de l'eau de ce fleuve en quantité trop grande, « tout sentiment d'in-quiétude disparaît de l'âme ». Or, l'inquiétude est le ressort de la vie spirituelle. Ce n'est pas vraiment l'avis de J.-P. Vernant qui a remarquablement commenté ce passage[10]. Avec ce terme, Platon reprendrait l'idée, présente dans d'autres dialogues, de la *mélété*, c'est-à-dire de la nécessité de l'exercice de mémoire aussi bien dans la vie intellectuelle que dans la vie morale. Il était déjà question de récipients troués dans le *Gorgias* (493a). L'âme qui se laisse persuader par les suggestions de l'opinion est semblable à ces récipients percés, alors que la sagesse constitue une sorte de grenier bien clos. Elle est capable alors de se soustraire au temps et au fleuve du devenir. Si je comprends bien la lecture de Vernant, il y est moins question du souvenir des Idées que des moyens que possède l'âme de se soustraire aux forces de ruine. Ce qu'il faut dire encore, à propos de ce passage de la *République*, c'est qu'il nous présente la plaine du Léthé comme un endroit vraiment sinistre. Enfin, si toutes les âmes boivent cette eau funeste, l'auteur de ce récit, Er le Pamphilien, a échappé à la loi. C'est parce qu'il se souvient du monde des enfers qu'il est capable de faire le récit que nous lisons. Giordano Bruno ironisera sur cette subtile contradiction du texte platonicien.

Le second texte de référence est bien entendu le chant VI de l'*Enéide*, et j'ose à peine rappeler ce qui suit. Aux enfers, Anchise, accompagné d'Enée, contemple sa descendance, et les âmes de ceux qui vont revenir à la vie. Et voici, dans la traduction de J. Perret, les vers décisifs : « Enée voit dans un vallon retiré un bois à l'écart, un hallier tout bruissant d'arbrisseaux, le fleuve Léthé qui coule au long des demeures de paix. Alentour, des nations, des peuples volaient innombrables et, comme dans les prairies où les abeilles, au serein de l'été, se posent sur les fleurs diaprées, s'épandent autour des lis blancs, toute la plaine bourdonne d'un murmure »[11]. L'essentiel est dans cette description du fleuve de l'oubli. Il n'a plus rien à voir avec le fleuve

---

[10] *Mythe et pensée chez les Grecs*, Paris, Maspero, 1965, p. 79-94.

[11] *Enéide*, chant VI, v. 703-709.

de Platon : l'aspect de celui-là était désolant, les bords de celui-ci sont tout simplement merveilleux[12]. Mais pour suggérer cette merveille qui n'est pas de ce monde, Virgile a besoin, dans sa comparaison, des merveilles de ce monde : le vol des abeilles un soir d'été, tel qu'il a pu le voir près de Mantoue ou ailleurs. Reste à comprendre pourquoi les âmes, au moment de connaître une nouvelle incarnation, doivent boire l'eau du Léthé. Que doivent-elles oublier ? Très vite, le commentaire de Servius a donné une réponse qui va influencer tous les autres. L'âme, explique-t-il, « *obliviscitur secundum poetas praeteritorum, secundum philosophos futuri* »[13]. Intéressant, mais elliptique ! Que peut signifier un oubli du futur ? Il me semble que Servius veut dire que l'âme en buvant l'eau du Léthé oublie ce qu'elle a connu lors d'une précédente incarnation, c'est-à-dire les misères qui l'attendent lorsqu'elle sera de nouveau enchaînée à un corps. Le commentaire de N. Conti, au seizième siècle, va dans ce sens[14]. Il consacre en effet un long passage à la *miseria hominis,* thème qui, on le sait, est toujours bien vivant à la Renaissance. Ce qui reste énigmatique, chez Virgile, ce sont les raisons du désir d'une nouvelle vie, car il faut remarquer que ce désir précède le rite du Léthé. Comme le remarque J. Perret, « les ombres manifestent pour quitter le séjour de purification, le même zèle que, jadis, pour y entrer. Elles voulaient alors s'alléger des pesanteurs de la terre, trouver le repos ; elles veulent maintenant connaître à nouveau les orages de la condition humaine »[15].

---

[12] Ce point est bien souligné par H. Weinrich, *op. cit.*, p. 20.

[13] Edition Teubner, Leipzig, 1884, p. 98.

[14] « Or cette eau se beuvoit pour deux raisons : tant à fin que les ames oubliassent les delices dont elles avoient jouy au sejour des Champs Elysiens que aussi pour mettre en oubly les fascheries et chagrins qu'elles avoient durant leur vie au monde ; que si la memoire en eut encore duré, l'on n'eust trouvé personne qui eut voulu revivre, ou qui ne se fut tué soy-mesme à la premiere commodité » (*Mythologie*, tr. fr., Rouen, Osmont, 1611, p. 221). La première édition des *Mythologiae sive explicationum fabularum libri decem* est de 1551. Sur ce mythographe, qui, pour les uns, était un homme d'une grande culture, et, pour les autres, un simple compilateur, voir J. Seznec, *La Survivance des dieux antiques*, tr. fr., Paris, Flammarion, 1980, p. 207-208.

[15] Virgile, *L'Enéide*, traduction et notes de J. Perret, Paris, les Belles Lettres, 1978, p. 178.

J'ai déjà suggéré la manière dont on lisait le livre VI de l'*Enéide* à la Renaissance. Il me reste à donner quelques points de repère au sujet de la lecture du mythe du Léthé chez Platon. Le *Convivio* de Ficin le commente au livre IV, chapitre 5. L'essentiel tient dans une phrase, qui nous laisse un peu sur notre faim : « Immergée dans l'abîme du corps comme dans le fleuve Léthé, et s'oubliant momentanément elle-même, [l'âme] est entraînée par les sens et le désir charnel comme par des sbires et par un tyran »[16]. Le philosophe de Florence ne nous dit pas s'il se réfère plutôt au *Phèdre* ou plutôt à la *République*. En fait, il est assez loin de Platon. Le malheur, pour lui, c'est cette descente de l'âme dans le corps, idée étrangère au *Phèdre*, et la tyrannie exercée sur elle par les sens. Il est clair, par ailleurs, que l'objet oublié reste le monde céleste. Il semble dire aussi que l'âme possède en elle-même des ressources pour résister : c'est ce que veut souligner l'expression : « s'oubliant soi-même ». La réminiscence serait donc le salut, et l'homme serait responsable de l'oubli où il tombe. Parmi les très nombreux commentaires de Platon à cette époque, citons encore celui de Loys Le Roy, publié en 1582. Il ne concerne que le livre X de la *République*, puisque l'auteur ne dit rien du *Phèdre*. La perspective spiritualiste, qui était déjà celle de Ficin, est ici encore plus accusée. Boire l'eau du Léthé, c'est donner trop d'importance aux choses terrestres et, du même coup, oublier les célestes. Notre âme, alors, devient stérile, à la manière des champs qui avoisinent le fleuve. Même opposition dans le commentaire accordé au second fleuve platonicien, le fleuve Amélès, autrement dit « nonchaloir » : « Par penser trop es choses mortelles, l'on neglige les eternelles dont s'ensuit perte et difficulté de reminiscence ». De nouveau, le corps est l'accusé, comme le montre cet autre commentaire : « L'ame qui aura trop beu de ce fleuve, c'est à sçavoir qui par trop grande affection se sera associée au corps, aura plus grande oubliance du passé »[17]. Je citerai enfin un bref commentaire de Blaise de Vigenère qui met en évidence l'enjeu symbolique de cette eau funèbre. Il se trouve dans le chapitre

---

[16] Tr. R. Marcel, Paris, Les Belles Lettres, 1956, p. 173. Voir aussi la lettre à Peregrino Alio, intitulée « De divino furore ».

[17] Loys Le Roy, *Le Timée de Platon [...]. Le Dixiesme Livre de la Republique*, Paris, Abel L'Angelier, 1585, f° 126-127.

des *Images ou tableaux de platte-peinture* consacré à un autre fleuve mythique, le Scamandre. Interprétant le passage de l'*Iliade* où Homère raconte que Vulcain s'est jeté dans le fleuve de Troie pour l'enflammer, il oppose fortement le feu et l'eau, le feu qui est du côté de la vie, l'eau qui est du côté de la mort. Au passage du Léthé, « les ames perdent la mémoire de tout ce qui leur est advenu *en ce monde*. Et y a il rien qui soit plus contraire l'un à l'autre que la forte vivacité du langage (dont Mercure est le conducteur) et des ars, envers une morne ignorance, et l'obly »[18]. Ce n'est plus du Platon, et ce n'est pas non plus du Virgile. Ce qui est très intéressant chez le commentateur de Philostrate, c'est la valorisation du feu, force de l'esprit, à l'œuvre dans ce monde, qui, du même coup, semble échapper aux malédictions des philosophies dualistes.

Il y aurait bien d'autres commentaires à citer. On se rend peut-être compte quand même des oreintations les plus importantes. Regardons maintenant certaines imitations de la Renaissance.

Je disais, en commençant, que Du Bellay mentionnait rarement le Léthé. L'imaginaire de l'oubli est en fait très présent dans son œuvre, notamment dans les *Regrets*. Ici encore, les textes sont tellement connus que j'hésite un peu à les citer. Il le faut cependant, car je crois que certaines lectures « bellaciennes » comportent des contre-sens. Du poète de l'*Olive*, on attendrait une allégeance platonicienne, un éloge de la mémoire du ciel et une condamnation de l'oubli où l'âme est entraînée par le corps. Ce n'est pas ainsi que les choses se passent, ce que montrent bien les références de ce recueil au Léthé. J'en vois essentiellement deux. La première se trouve dans le sonnet XVII qui oppose le destin malheureux du poète à la félicité de Ronsard, comblé de faveurs par le roi et sa dame. Un vers magnifique résume tout cela :

> Tu bois le long oubly de tes travaus passez.

La référence virgilienne est évidente, mais la philosophie a changé. Ce que Ronsard réussit à oublier, ce sont les années difficiles précédant

---

[18] Edition Fr. Graziani, Paris, Champion, 1995, t. I, p. 57.

ce bonheur. Il accède à une félicité qui est dans ce monde, et qui se pare des prestiges de l'autre, comme le prouve la référence au « bois » élyséen où il se perd avec sa dame[19]. L'eau du Léthé est le gage d'un oubli paradisiaque. Il a donc une valeur tout à fait positive La fin du recueil, où se trouve la seconde référence, modifie un peu les données de cette philosophie. Voici le poète revenu près de sa dame[20], et finalement dans la même situation que Ronsard au sonnet XVII. Il n'a qu'une crainte : que Marguerite de France ne lui fasse boire l' «eau d'oubly » (s. CLXXIV). Elle le ramènerait dans « l'enfer de son corps ». Retour de Platon, d'autant plus justifié que Marguerite, comme on le sait, platonise. Qaund on est « aux champs Elysees » (v. 10), l'oubli consiste à être tenté de nouveau par l'existence charnelle. Mais la référence métaphysique ne doit pas masquer l'ambiguïté du texte : le poète se trouve au ciel en même temps qu'à la cour. Et on ne peut oublier que, dans la poésie d'amour, surtout celle qui s'écrit sous l'influence de Pétrarque, l'amant demande toujours à la dame de ne pas l'oublier. L'eau du Léthé, c'est aussi cet oubli-là. Il semble bien que, en définitive, Virgile supplante Platon, mais un Virgile débarrassé de sa philosophie pythagoricienne, un Virgile dont on dispose très librement en rapprochant le fleuve du Léthé et le bois de myrtes des amants.

Cette liberté de lecture se trouve aussi chez Ronsard dans un passge décisif du livre IV de *La Franciade*, inspiré lui aussi par le chant VI de l'*Enéide*. De nouveau, les âmes se préparent à une nouvelle incarnation et Mercure les conduit au bord du Léthé, dont l'eau est bien nécessaire pour oublier les misères de cette vie, et les déchéances qui les attendent. Le schéma est tout à fait virgilien, ultra-virgilien même, car Ronsard se livre à une sorte de surenchère dans le mépris du corps : sans l'eau du Léthé, les âmes

---

[19] Du Bellay combine le v. 443 (le bois de myrtes) et les v. 637 et suiv. (les prairies des Champs Elysées). Rappelons que les habitants du bois de myrtes ne sont pas à proprement parler heureux, car ils gardent en eux le souvenir d'un amour difficile.

[20] La critique actuelle rend enfin justice au splendide ensemble dédié à Marguerite de France. Voir à ce sujet, J. Vignes, « Deux études sur la structure des *Regrets* », *Du Bellay et ses sonnets romains*, Paris, Champion, 1994, p. 87-136.

ne se voudroyent lier
A nouveaux corps, et ne voudroyent plus estre
Pour r'aquerir du mal pour tant renaistre[21].

Malencontreuse philosophie, qui intervient au moment où commence le défilé des rois de France. Malencontreuse car ce *contemptus mundi* ne fonde pas très bien la philosophie de la royauté. En fait, Ronsard ne partage pas vraiment ce dégoût de la vie. Remarquons l'avidité avec laquelle les âmes boivent l'eau d'oubli : « à friandes ondées » (v. 858). Si les divines abeilles de Virgile ne volent pas dans le ciel de la *Franciade*, le désir des âmes est pleinement justifié : elles ont la nostalgie du Soleil, et de sa « celeste lumiere » (v. 862). Quand on se souvient de l'hymne admirable que le Soleil a inspiré un peu plus tôt à Ronsard[22], on mesure toute la force de cette nostalgie. A elle seule, cette lumière efface les misères de la vie. Eau bienheureuse que celle-ci, car elle prépare la renaissance du désir. Sans forcer les choses, on peut au moins parler de tension entre une philosophie spiritualiste, assez proche de la lecture de Noël Conti, et un attachement au monde que l'on n'a aucune envie d'oublier.

Du Bellay et Ronsard restaient encore proches de Virgile et de Platon. Il y a beaucoup plus d'audaces dans certaines réécritures de la Renaissance, dont je voudrais dire maintenant un mot, avant de parler de Dante qui, d'une manière magistrale, transforme de fond en comble la mythologie du Léthé. Je vais donc procéder à rebours, en partant de G. Bruno pour arriver à l'auteur de la *Divine Comédie*.

Le mythe du Léthé trouve une place toute naturelle dans la *Cabale du cheval Pégaséen*[23], publiée par Bruno en 1585, dans la mesure où le personnage d'Onorio est un âne (un âne ailé, d'où son nom) qui raconte sa métamorphose au début du livre II. Comme toutes les âmes qui doivent connaître une réincarnation, il est conduit au bord du

---

[21] *Oeuvres complètes*, éd. Céard-Ménager-Simonin, Paris, Gallimard, « La Pléiade », *La Franciade*, IV, v. 852-854, t. I, p. 1130.

[22] *Remonstrance au peuple de France*, v. 57-84, *Œuvres complètes*, édition citée, t. II, p. 1021-1022. On sait que Montaigne se souviendra de ces vers dans un passage de *l'Apologie de Raymond Sebond*, *Essais*, II, 12, éd. Villey-Saulnier, p. 514

[23] Voir l'édition des *Œuvres complètes* de G. Bruno, t. VI, préface et notes de Nicola Baladoni, tr. de T. Dagron, Paris, Les Belles Lettres, 1994.

fleuve par Mercure et cite, comme il se doit, les trois vers de l'*Enéide* qui sont dans toutes les mémoires. C'est alors qu'il prend, selon sa propre expression, un chemin particulier : « M'échappant des Champs Fortunés, sans m'abreuver à l'onde du rapide Léthé, au milieu de la multitude qui avait pour guide principal Mercure, je fis semblant de boire cette humeur en compagnie des autres : mais je ne fis que m'en approcher et la toucher des lèvres, afin de tromper ceux qui nous observaient d'en-haut, et qui se contentèrent de voir ma bouche et mon menton mouillés »[24]. Voilà un âne bien indiscipliné, mais c'est grâce à cette indiscipline que nous savons ce qui se passe dans l'au-delà. Bruno met le doigt sur le point faible de ces récits de réincarnation, car de deux choses l'une : ou bien on est vraiment allé dans l'au-delà, et dans ce cas, comme on a bu l'eau du Léthé au moment de revenir, on ne se souvient de rien ; ou bien, on ne l'a pas bue, mais dans ce cas, il faut expliquer cette singulière exception. Er le Pamphilien revient de l'autre monde d'une manière mystérieuse. Platon se contente de dire qu' «on l'avait empêché de boire de l'eau ». Dans son dialogue « Du deuil », Lucien avait déjà ironisé sur les contradictions du mythe[25]. Bruno va plus loin : il imagine qu'on peut surprendre la vigilance des dieux ou des gardiens. Notre connaissance de l'au-delà est le fruit d'une ruse.

Il y a aussi beaucoup d'impertinence dans la manière dont l'Arioste transforme les données légendaires. Comme vous le savez, l'un des épisodes du *Roland furieux* raconte le voyage d'Astolphe dans les empires de la lune où il recherche la raison qui lui a été enlevée. Il parvient en compagnie de l'apôtre saint Jean au palais des Parques, puis au bord d'un fleuve qui n'est autre que le Léthé. Au bord de ce fleuve, un vieillard jette dans l'eau les noms d'une multitude de personnes inscrits sur des étiquettes. Le tas qu'elles forment ne s'épuise jamais et tous ces noms se perdent dans le fleuve de l'oubli. Des corbeaux, des vautours s'en emparent, essaient de les emporter vers le ciel. Trop faibles pour cette charge, ils doivent les laisser retomber. Mais des cygnes, qui surviennent, réussissent là où les vilains oiseaux ont échoué. Le mythe du Léthé, sous la plume de

---

[24] Edition citée, p. 90.

[25] *Œuvres complètes*, éd. Bastien, Paris, 1788, t. IV, p. 130.

l'Arioste, devient une parabole de la gloire. Les corbeaux et autres disgracieux volatiles représentent les flatteurs et les courtisans, incapables d'immortaliser ceux qui le méritent : « Ainsi le Léthé, dans lequel [cette charge] retombait, s'enrichit souvent de noms qui mériteraient d'être dérobés à l'oubli »[26]. Dans la personne des cygnes, nous reconnaissons bien sûr les poètes. Deux choses, ici, méritent d'être soulignées. D'abord, la manière dont l'Arioste abandonne la métaphysique au profit d'une réflexion sur les aléas de la mémoire dans ce monde. L'oubli symbolisé par le Léthé ne concerne plus les réalités d'en-haut, ou, si vous voulez, les idées et les dieux, mais les défaillances de la mémoire humaine. En cela, l'Arioste est bien un homme de la Renaissance, hanté par la mort et la gloire. Il faut remarquer aussi que, grâce à son invention, deux grandes figures mythiques se rencontrent : celle du Léthé, bien sûr, mais aussi celle du Temps. Or, si celui-ci est bien un vieillard, comme le veut la tradition étudiée par Panofsky[27], il possède une agilité de jeune homme : le texte dit qu'il aurait dépassé les cerfs à la course[28]. Cette jeunesse est pour le poète une manière de rendre sensible la rapidité du Temps lui-même, qui trouvait une première expression dans la rapidité des eaux.

J'arrive enfin à mon dernier exemple : Dante. Le renouvellement qu'il fait subir au mythe du Léthé est si important, que, sauf erreur de ma part, il n'a pas eu d'écho dans la littérature de la Renaissance. L'étonnement du lecteur commence avec la réponse de Virgile à une question du narrateur, au chant XIV de l'*Enfer* : « Où sont le Léthé et le Phlégéthon » ?, demandait-il à son guide. Et voici la réponse de l'auteur de l'*Enéide* :

> Léthé, tu le verras, mais hors du gouffre,
> Là-haut où vont les âmes se laver
> Quand la coulpe est chassée par pénitence[29].

---

[26] *Roland furieux*, XXXV, 14, tr. Panckoucke et Framery, Paris, 1842, p. 210.

[27] *Essais d'iconologie*, tr. fr., Paris, Gallimard, 1967, ch. III (Le vieillard Temps).

[28] *Roland furieux*, XXXV, 9.

[29] *La Divine Comédie, L'Enfer*, chant XIV, v. 136-138, tr. fr. A. Pézard, Paris, Gallimard, « La Pléiade », 1965. Nous citerons toujours la *Divine Comédie* dans cette grande traduction, qui reste, à nos yeux, la meilleure.

Nous n'en saurons pas plus pour l'instant. C'est au *Purgatoire*, qu'une révélation surprenante nous attend. Le voyageur est parvenu dans un lieu enchanteur qui n'est autre que l'Eden : c'est ce que lui apprend l'une des figures les plus mystérieuses de la *Divine Comédie*, Matelda[30]. Et, à sa grande surprise, il voit deux fleuves, dont Matelda lui donne l'identité.

> Ce ruissel à senestre a nom Léthé ;
> l'autre Eunoé : mais leur onde est sans force
> tant qu'on ne l'a goûtée ici et là[31].

Ainsi donc, un autre fleuve est associé au Léthé, le fleuve Eunoé, un nom qui signifie « bon esprit, bonne pensée », mais qui est en fait l'équivalent de « bonne mémoire ». L'eau d'un fleuve n'a pas de puissance sans celle de l'autre. Splendide dialectique. Cela veut dire qu'il faut en somme savoir oublier et savoir se souvenir. Oublier quoi ? se souvenir de quoi ? Il faut encore attendre un peu pour le savoir, et c'est Béatrice elle-même, qui, aux chants XXX et XXXI du *Purgatoire*, est chargée du commentaire. Elle explique à son ami que le droit de goûter aux eaux du Léthé est soumis à la repentance (XXX, v. 141-145) . Dans un dialogue tendu avec celui-ci, elle lui demande des comptes sur sa vie, car il ne l'a pas encore oubliée (XXXI, v. 11-12). L'ami éclate alors en plaintes et en sanglots. Ce qu'il faut bien comprendre, c'est que, de toutes ses forces, il aspire à oublier ses péchés. C'est alors que reparaît Matelda, qui lui donne l'ordre de se plonger dans le Léthé :

> Jusques aux dents m'avait bouté au fleuve,
> Et s'en allait après soi me traînant
> A fleur des eaux, léger comme une nacelle[32].

[30] Sur le personnage de Matelda, voir la longue note d'André Pézard, édition citée, p. 1316-1317. Elle semble chargée d'une fonction rituelle qui peut rappeler d'autres évocations du Purgatoire ; elle incarne par ailleurs la perfection de la vie active, secondée par les vertus spirituelles.

[31] *Purgatoire*, chant XXVIII, v. 130-132.

[32] *Ibid.*, chant XXXII, v. 94-97.

La petite difficulté posée par la lettre du texte (il faut sans doute comprendre que la bouche du poète est au niveau de l'eau) ne doit pas masquer l'essentiel : dans l'imaginaire de Dante, on ne boit pas l'eau du Léthé, on s'y plonge, tandis que retentit un verset du psaume 50 : *Asperges me hyssopo et mundabor.* La signification est claire : il s'agit là d'un rituel à la fois pénitentiel et baptismal, précédant la venue de quatre belles jeunes femmes qui représentent les vertus cardinales.

Prenons maintenant un peu de recul avec le texte de Dante. Aussi extraordinaire qu'elle soit, son invention n'est pas venue de rien. Les commentaires nous apprennent que, dans la littérature d'inspiration orphique[33], coexistaient souvent deux sources : celle de l'oubli et celle de la mémoire. Selon Pline l'Ancien[34], d'autre part, il y avait en Béotie, non loin de l'antre oraculaire de Trophonius, une source de la mémoire et une source de l'oubli, et c'est à Pline que fait sans doute allusion Isidore de Séville dans un passage laconique de ses *Etymologies*[35]. Mais ce qui est remarquable chez Dante, c'est la manière proprement théologique dont il a pensé la relation entre la mémoire et l'oubli. Celui-ci est inséparable d'une véritable pénitence, qui ne prend elle-même tout son sens qu'à la lumière de la rédemption. Le Léthé devient une eau baptismale, une fontaine de vie et de miséricorde[36]. Cela veut-il dire que les poètes de l'antiquité ont été dans l'erreur en vantant les vertus de leur Léthé ? Ce serait mal comprendre la pensée de Dante que de le supposer. Comme l'explique magnifiquement Matelda, ces poètes ont vu par songes et en figures la vérité maintenant dévoilée (chant XXVIII, v. 139-141). Cela étant dit, l'invention de Dante bouleverse totalement la philosophie de la mémoire. Il faut en effet revenir à celle-ci puisque le fleuve qui la symbolise coule maintenant en Eden et que les élus se souviendront de leur vie quand ils seront au paradis. Voilà qui peut étonner et qui contredit l'idée selon laquelle la béatitude consiste dans la seule contemplation de Dieu. La théologie de Dante admet cependant que les élus gardent le « souvenir des bonnes actions qu'ils ont accomplies dans leur vie terrestre, de façon qu'ils puissent entrer au Ciel avec une Mémoire qui

---

[33] Voir J.-P. Vernant, note 10.

[34] *Histoire Naturelle*, XXXI, 11.

[35] *Opera omnia*, Migne, Paris, 1850, t. III-IV, col. 481.

[36] Voir T. Nardi, *Il canto XXVIII del Purgatorio*, Torino, 1963.

soit « bonne » à tous points de vue »[37]. Si les élus ne se souvenaient de rien, je ne sais pas si leur sort serait tellement enviable. L'idée d'une amnésie bienheureuse est de toute façon étrangère au poète de la *Divine Comédie*, qui fait œuvre de mémoire dans les deux premières parties de son grand poème et qui a chanté la douleur et le bonheur qu'elle procure. Dante est le poète de l' « humanisme intégral », c'est-à-dire qu'il ne sépare pas radicalement l'humain et le divin. Voilà pourquoi il a renouvelé si puissamment la philosophie de la mémoire et de l'oubli.

Cette présentation du Léthé à la Renaissance n'est bien sûr pas complète. Il aurait fallu parler aussi de l'oubli procuré par Anteros, qui éteint le flambeau de l'Amour dans l'onde du Léthé[38]. Les quelques réflexions que j'ai présentées ici permettent peut-être certaines conclusions. Il me semble d'abord que, malgré tout le respect qu'on lui témoigne, la pensée de Platon influence assez peu la poésie de cette époque. Le Léthé n'est pas, d'abord, l'oubli des idées. Il n'est même pas, vraiment, l'oubli des misères de ce monde, dont parlent les philosophies moroses. Ce qui me frappe, c'est l'existence d'un oubli bienheureux, celui où parvient, en ce monde, l'amant comblé. Si le Léthé fait couler une eau qu'il faut craindre, c'est parce qu'elle symbolise l'oubli où tombera le nom des hommes. En ce sens, l'oubli est une seconde mort, ce que l'Arioste a dit mieux que d'autres. Reste-et je terminerai par là-que la théologie de la Renaissance n'a jamais retrouvé la puissante réflexion de Dante sur les puissances alliées que peuvent être la mémoire et l'oubli. Et qu'on ne vienne pas dire que c'est l'ignorance du texte de la *Divine Comédie* qui en est responsable : on sait bien maintenant qu'elle est connue des poètes de la Renaissance. Il faut plutôt l'imputer à un affaiblissement de la théologie elle-même, surtout chez les catholiques, et à l'idée que la terre et le ciel sont infiniment éloignés l'un de l'autre. Dante, on l'a dit, pensait autrement.

Daniel MÉNAGER

---

[37] H. Weinrich, *op. cit.*, p. 52.

[38] Voir R. V. Merrill, « Eros et Anteros », *Anteros*, Orléans, Paradigme, 1994, p. 56-57.

Au sujet de quelques « malignes bestes »
RABELAIS, L'ÉCRITURE ET L'OUBLI

La fiction rabelaisienne campe des personnages dotés d'une mémoire exercée et impressionnante. Les géants ont lu et se souviennent de leurs classiques, ils ont entendu des récits contemporains qu'ils restituent à bon escient : leur mémoire est une machine fiable que le texte met en scène fréquemment. L'oubli est en revanche beaucoup plus rare[1].

Il existe pourtant une forme d'oubli qui n'affecte pas les personnages de la fiction, et dont le texte fait épisodiquement état, toujours avec gravité et lors de moments importants du livre. L'oubli est une hypothèse possible et redoutable dont Rabelais se préoccupe lorsqu'il s'inquiète de la réception des textes. Le souci de la survie et de la préservation de l'œuvre se glisse ainsi au détour du texte rabelaisien. Quoique parfois anecdotiques et obliques, les occurrences sont suffisamment nombreuses et récurrentes pour qu'il soit légitime de leur consacrer la présente étude.

La conscience d'un texte menacé apparaît en effet de loin en loin. En termes très simples, le problème est tout d'abord d'ordre matériel. Le support auquel est confié le texte ne peut garantir une conservation optimale, ni du moins un état stable. A une époque où l'imprimerie est encore jeune, Rabelais s'interroge sur les garanties qu'elle offre, comparée au manuscrit ou à la transmission orale. Le texte, une fois imprimé, sera-t-il en sécurité ? Ne risque-t-il pas d'être rapidement altéré, perdu, oublié ? L'éventualité de la dégradation de l'objet correspond à des réalités concrètes, que Rabelais met en scène dans la fiction. Cette corruption, qui prend diverses formes, abîme considéra-

---

[1] La question de la mémoire lumineuse des personnages rabelaisiens, et des rares occurrences de l'oubli en ce qui les concerne, a donné lieu à une étude fournie de D. Ménager lors du colloque de Rome de 1996 (« Rabelais et la mémoire », *Etudes Rabelaisiennes* XXXVII, 1999, p. 61-70).

blement le texte, au point qu'elle peut en faire disparaître (et dès lors tomber dans l'oubli) tout ou partie.

Toutefois, les « malignes bestes » qui rongent le texte ne se contentent pas d'en altérer le matériau. Le contenu des écrits est doublement en danger, si l'on considère qu'à cette première nuisance s'ajoute celle des « bestes » métaphoriques, les censeurs qui portent atteinte à l'intégrité du texte, lorsqu'ils ordonnent d'en retrancher des pans entiers. Certains livres sont interdits, d'autres brûlés : l'inquiétude rabelaisienne quant à l'oubli qui guette une œuvre proscrite parce qu'elle a été soumise à une lecture « maligne » touche là encore au souci de la présence physique du texte.

Dès lors, si l'usure matérielle qui ronge l'enveloppe extérieure se montre aussi dévorante que certains lecteurs du livre, comment préserver l'œuvre pour qu'elle reste intacte dans les mémoires ? Il faut écrire avec la conscience de cette déperdition possible. Certains choix stylistiques pourront être analysés comme des stratégies d'écriture ou du moins comme des réponses de l'auteur à l'éventualité de l'oubli.

Matière et oubli

Le texte rabelaisien témoigne d'une conscience empirique de l'insuffisance ou de la fragilité de certains supports. Au début et à la fin du *Gargantua* sont évoqués deux aspects complémentaires de cette importante question. Le problème de l'altération et de la dégradation d'un texte est posé de manière tangible dès le premier chapitre du livre, lorsque l'auteur entend présenter, comme il se doit dans une geste épique, la généalogie de son héros Gargantua. Il explique à cette occasion que celle-ci a été retrouvée en piteux état. Suit le bref récit de l'histoire de cette trouvaille, qui fut faite apparemment par hasard par un dénommé Jean Audeau, alors que ce dernier faisait curer ses fossés « en un pré qu'il avoit près l'arceau gualeau au dessoubz de l'Olive, tirant à Narsay » (G1, 10)[2]. Les pioches des ouvriers tintent

[2] Sauf mention particulière, nous utiliserons, pour toutes les références au texte de Rabelais, les *Œuvres Complètes* éditées par M. Huchon (Paris, Gallimard, « La Pléiade », 1994). Les noms des livres sont abrégés par leur première lettre, P pour *Pantagruel*, G pour *Gargantua*, T pour *Tiers Livre*, Q pour *Quart Livre*, C pour *Cinquième Livre*. Le chiffre qui

soudain en heurtant « un grand tombeau de bronze long sans mesure ». Alors qu'il importe d'aller voir ce qu'il renferme, plusieurs obstacles rendent l'investigation malaisée. Tout d'abord, il est impossible de dégager le tombeau, si long qu'il est prisonnier d'une écluse (« oncques n'en trouverent le bout, par ce qu'il entroit trop avant les excluses de Vienne », *ibid.*). On réussit néanmoins à l'ouvrir, pour y découvrir un assortiment de neuf flacons disposés par rangs de trois, ainsi qu'un gobelet portant l'inscription « Hic bibitur », et enfin, sous le flacon central, un petit livret :

> (...) celluy [le flacon] qui au mylieu estoit, couvroit un gros, gras, grand, gris, joly, petit, moisy livret, plus mais non mieulx sentent que roses. (*ibid.*)

Fort curieusement, c'est par l'intermédiaire de ce livret petit et gros, joli et moisi, lequel précisément contient la généalogie du géant, que l'auteur fait entrer son lecteur dans la geste gargantuine :

> En icelluy fut ladicte genealogie trouvée escripte au long, de lettres cancelleresques, non en papier, non en parchemin, non en cere : mais en escorce d'Ulmeau, tant toutesfoys usées par vetusté, qu'à poine en povoit on troys recongnoistre de ranc. (*ibid.*)

La difficulté de lire plus de trois lettres à la suite est aussitôt considérée comme résultant de plusieurs facteurs aisément identifiables : certes l'usure du temps, la « vétusté », mais surtout la fragilité du support qui a été soumis à l'érosion de l'humidité (la moisissure est due à un long séjour dans l'eau du fossé) ce qui induit que, peut-être, le matériau du livret a été mal choisi. En effet, l'auteur insiste sur le fait que la cire, le parchemin ou le papier auraient peut-être constitué un support plus adapté au texte. Le choix de cette écorce d'ormeau, en revanche, est une idée peu commune. Le livret s'en trouve à présent fort abîmé et malodorant. En outre, le narrateur mentionne la présence, après la généalogie du géant, d'un petit traité placé à la fin dudit livret.

---

suit immédiatement cette lettre désigne le numéro du chapitre (ou la mention « pr » pour « prologue »), suivi, le cas échéant, du numéro de page.

Ce dernier texte se trouve particulièrement détérioré, suite à l'action, cette fois, des « ratz et blattes ou (...) aultres malignes bestes [qui] avoient brousté le commencement » (G1, 11). A celles du temps et de l'eau s'ajoute donc l'action nuisible des parasites. Ceux-ci ne sont pas formellement identifiés, mais leur action est avérée : ils ont « brousté » des morceaux de texte.

Subrepticement, alors qu'il s'attend à lire la généalogie du géant, le lecteur se voit donc proposer un inventaire des différentes dégradations que peut subir un ouvrage oublié dans un coffre et soumis à l'humidité. Après la surprise qu'un tel détour provoque, le lecteur est confronté à un embarras réel. Le support endommagé a plongé dans l'oubli des mots entiers. L'action corruptrice de certains agents concrets fait que la lecture devient improbable, malaisée, voire impossible en certains endroits du livret. Cette gêne tout à fait concrète amène à une prise de conscience inaugurale. Dès l'entrée du livre, Rabelais pose la lecture comme un acte qui ne va pas de soi. De manière à reproduire fidèlement la nuisance des rats et blattes, le texte des *Fanfreluches antidotées* est en effet retranscrit avec ses lacunes. La première strophe est particulièrement difficile d'accès car de certains mots, littéralement mangés, il ne reste que quelques reliefs, sous la forme de lettres éparses ; pour d'autres, il ne subsiste rien que l'espace grignoté et désormais vide où ils étaient écrits :

> a i ? enu le grand dompteur des Cimbres
> v sant par l'aer, de peur de la rousée,
> ' sa venue on a remply les Timbres
> ' beure fraiz, tombant par une housée
> = uquel quand fut la grand mere arrousée
> Cria tout hault, « hers par grace pesche le.
> Car sa barbe est pres que toute embousée
> Ou pour le moins, tenez luy une eschelle. (G2, 11)

C'est, chez Rabelais, l'exemple le plus frappant de la figuration dans la fiction de fragments disparus et définitivement perdus. L'action dévastatrice de bêtes nuisibles est rendue visible par la place des lacunes, groupées aux débuts des cinq premiers vers, comme si le coin gauche de la page avait été l'endroit dont les rongeurs avaient été les plus friands.

On pourrait penser que l'imprimerie représente une réponse efficace à ce type de situation. Certes le papier n'est pas un matériau solide, ni de qualité. Cependant puisque la nouvelle technique permet de reproduire le texte de façon industrielle, elle introduit la notion de quantité qui potentiellement rend moins probable la perte du texte, dans la mesure où celui-ci est désormais multiplié. Les textes, conservés, seront disponibles pour de nombreux lecteurs. Cependant, l'imprimerie récente ménage encore pour l'auteur quelques interrogations. Si cet art ne durait pas, qu'adviendrait-il de la mémoire collective ? De fait, les ateliers d'imprimerie connaissent des aléas. A Paris, en 1533, la Sorbonne qui s'inquiète de la diffusion des thèses luthériennes obtient l'interdiction de toute l'imprimerie. Un décret plus clément de 1534 limite à douze le nombre d'imprimeurs autorisés à exercer à Paris. Or, le métier connaît ces vicissitudes au moment où Rabelais publie ses deux premiers livres. En 1532, l'auteur témoigne naturellement de la confiance limitée qu'il a en l'imprimerie lorsqu'il incite à la préservation d'une mémoire individuelle. Celle-ci, mieux que tous les ateliers mécaniques, garantirait à chaque homme la possibilité de détenir, puis de transmettre un savoir en dehors de tout recours à l'écrit :

> Et à la mienne volunté que chascun laissast sa propre besoigne, ne se souciast de son mestier et mist ses affaires propres en oubly, pour y vacquer entierement, sans que son esperit feust de ailleurs distraict ny empesché : jusques à ce que l'on les [*Les Grandes et inestimables chroniques de l'énorme géant Gargantua*] tint par cueur, affin que si d'adventure l'art de l'Imprimerie cessoit, ou en cas que tous livres perissent, on temps advenir un chascun les peust bien au net enseigner à ses enfans, et à ses successeurs et survivens bailler comme de main en main, ainsy que une religieuse Caballe. (Ppr, 213)

Le souci de l'oubli possible du texte, lié au peu de fiabilité de son « contenant », apparaît de préférence en tête d'ouvrage, comme pour avertir le lecteur insouciant de la vulnérabilité qui affecte nécessairement le livre en tant qu'objet. La vigilance est de mise ; l'expérience ne permet pas de placer une confiance réelle dans la survie matérielle des œuvres. D'autres notations incidentes disent l'importance de l'érosion de supports pourtant réputés solides. La pierre elle-même n'est pas à l'abri des dégradations. L'air et le vent, ainsi que la malveillance des mauvais plaisants, peuvent mettre à mal les monuments les plus fiers. Gargantua déclare à ce titre que la mémoire des hommes préserve davantage de l'oubli que les inscriptions, si imposantes soient-elles :

> Car plus estimoient la vive souvenance des humains acquise par liberalité, que la mute inscription des arcs, colonnes, et pyramides subjecte es calamitez de l'air, et envie d'un chascun (G50, 133).

Cette harangue de Gargantua, située à la fin du second livre écrit par Rabelais, noue fermement les termes du problème. Nous y reconnaissons les arguments que le narrateur mettait en avant dès le prologue du premier de ses livres, lorsqu'il avertissait son lecteur contre l'euphorie de l'imprimerie. Rabelais rappelle régulièrement que le seul instrument sûr est la mémoire humaine, appelée « *vive* souvenance », préférable à l'écrit, résolument muet (« *mute* inscription »). L'inquiétude touche dès lors tous les supports matériels de l'écrit : des plus durs aux plus fragiles, des plus antiques (arcs, colonnes et pyramides) aux plus modernes (imprimerie). Toutefois, la vigilance rabelaisienne ne doit pas tromper. Il ne s'agit pas de pessimisme. Au contraire, l'auteur reconnaît simplement une réalité irréfutable, celle de la dégradation des objets inertes, opposée à la perfectibilité de l'homme, susceptible de cultiver et d'enrichir sans cesse son esprit s'il ne cesse d'exercer sa mémoire.

Le postulat de l'altération des textes sert alors les thèses humanistes les plus optimistes. D'une part s'y retrouve la foi en l'homme qui demeure à lui seul la plus sublime des bibliothèques. Rappelons à ce propos « l'entendement à double rebras » de l'étudiant Pantagruel, qui a « capacité de memoire à la mesure de douze oyres et botes d'olif » (douze outres et tonneaux) (P8, 241). Son père, dans la célèbre lettre qu'il lui adresse, lui prescrit d'apprendre et d'incorporer en sa mémoire tous les savoirs disponibles. D'autre part l'élan humaniste n'est pas effrayé par la dégradation des textes. Celle-ci rend en effet nécessaire un travail philologique dont le narrateur est friand, puisqu'il est appelé en qualité d'expert pour décrypter le contenu du fameux tombeau déniché dans le fossé. Alcofrybas se prête au travail des éditeurs de textes qui, par « reverence de l'antiquaille » (G1, 11), tirent des textes de l'oubli en les retranscrivant le plus fidèlement possible, avec leurs lacunes et leurs difficultés. Transmettre, restituer, retrouver des textes oubliés, sont les activités des grands éditeurs de textes de la Renaissance, qui ne craignent pas les difficultés liées à une lecture malaisée. Ensuite, le travail d'interprétation complète celui de restitution. La compréhension d'un texte tiré de l'oubli n'est pas sans poser parfois des difficultés de lecture tout aussi vives que si le texte était endommagé, difficultés qui tiennent à sa signification. Ainsi, même intact, le texte non rongé des *Fanfreluches antidotées* reste bien obscur. De même à la fin du livre, la grande lame de bronze sur laquelle on lit aisément des inscriptions n'a pas subi les dégâts du temps. Aucune restauration de cet objet enfoui, trouvé dans les fondations de l'abbaye de Thélème, n'est nécessaire, et pourtant l'accès au sens reste fermé. Le travail interprétatif d'un commentateur est alors indispensable ; ce sont les personnages présents, Gargantua et frère Jean, qui s'y prêteront sous la forme de propositions contradictoires non tranchées.

Lectures malignes

La conscience de l'instabilité du support, de sa fragilité, fait comprendre d'une part qu'il est bon de s'approprier les connaissances, et d'apprendre sans relâche, et laisse par ailleurs supposer que certains écrits ne sortent de l'oubli que grâce à la chance ou au hasard. Cependant, une fois extraits de sa gangue de boue, le contenu du tombeau de bronze peut être examiné avec soin, restauré et restitué dans les meilleures conditions si des lecteurs habiles se donnent cette peine. De fait, l'action nuisible des insectes ou du temps peut espérer être réparée par celle, attentive et patiente, des philologues et savants. L'avenir d'un texte est donc fonction du lecteur qui s'en charge. Mis entre de mauvaises mains, le livre ne survit pas longtemps, même s'il sort tout juste des presses, et s'il est en parfait état.

A ce titre, Rabelais ne saurait trop prévenir contre les dangers d'un texte soumis à une lecture dévorante. Les « malignes bestes » sont aussi et surtout métaphoriquement les lecteurs de mauvais aloi qui condamnent le livre et tentent de le plonger dans l'oubli sitôt qu'il voit le jour. Rabelais a connu la censure dès sa jeunesse dans le couvent des Cordeliers de Fontenay-le-Comte, lorsque les moines franciscains lui interdirent de lire les textes grecs. Lorsqu'il choisit de changer d'ordre, il trouve refuge chez les Bénédictins de Maillezais, auprès de Geoffroy d'Estissac, qui restera le protecteur de son appétit de savoir[3]. La situation est à peine différente lorsque les livres qu'il écrit sont condamnés par Calvin, et censurés par les autorités religieuses de la Sorbonne. Réprouvé à la fois par la faculté de théologie catholique de Paris et par le chef de l'église protestante de Genève, Rabelais apprend à nouveau qu'il est important de se trouver un protecteur puissant. Il place les livres qu'il signe désormais de son véritable nom sous la protection de Marguerite de Navarre (*Tiers Livre*) et du cardinal Odet de Châtillon (*Quart Livre*). Ce dernier est longuement pris à témoin, dans l'épître dédicatoire, des embarras, voire des dangers, de la publication soumise à la censure, et à d'éventuelles poursuites qui mettent l'auteur en danger. Ces tracas sont le fait d'un petit nombre de lecteurs, que Rabelais nomme les « agelastes », ceux qui ne savent pas rire, et par conséquent ne savent pas lire, puisqu'ils condamnent souvent sans être capables d'identifier la faute commise :

> Car l'une des moindres contumelies dont ilz usoient, estoit, que telz livres tous estoient farciz d'heresies diverses : n'en povoient toutes fois une seulle exhiber en endroict aulcun. (Qpr, 519)

Les accusations résultent selon l'auteur d'interprétations abusives de son texte, « comme qui pain, interpreteroit pierre : poisson, serpent : œuf, scorpion » (Qpr, 520). C'est au sens étymologique qu'il faut entendre le mot de « Calumnie » : seul un esprit diabolique peut être à l'origine de ce type de lecture. Rabelais déclare que de tels outrages faits au texte et à la dignité de son auteur sont propres à dissuader de prendre la plume. Les lecteurs agelastes portent atteinte à la création autant qu'à l'inspiration :

---

[3] Pour plus de détails concernant cette période de la vie de Rabelais, voir Jean Plattard, *L'Adolescence de Rabelais en Poitou*, Paris, Les Belles Lettres, 1923.

> Mais la calumnie de certains Canibales, misantropes, agelastes, avoit tant contre moy esté atroce et desraisonnée, qu'elle avoit vaincu ma patience : et plus n'estois deliberé en escrire un Iota. (Qpr, 519)

Soumis à une lecture maligne, le texte peut être mis à mal et altéré de façon aussi nuisible que s'il avait été grignoté par les « malignes bestes » évoquées plus haut : le choix du nom de « Canibale » insiste sur l'action dévorante monstrueuse qui occupe la censure. Les censeurs exigent en effet que soit changé un mot, retirée une ligne, retranché un paragraphe. Vouloir occulter des passages revient à souhaiter les faire disparaître ; l'absence de certaines portions du texte des *Fanfreluches antidotées* ne donnait pas un autre résultat. Il y manque finalement les morceaux qui sont tombés dans l'oubli. Ces « rats et blattes » métaphoriques falsifient le texte en l'interprétant à tort, mais aussi en le mutilant par les multiples distorsions qu'ils lui font subir. Le narrateur en donne la somme dans le dernier chapitre du *Pantagruel.* Les lecteurs qui cherchent querelle au texte le broient et le mettent en pièces pour y déceler une hérésie quelconque. Ces lecteurs chicaneurs sont comparés aux coquins de village dont le principal plaisir est non seulement de « fouiller la merde » des innocents mais aussi d'en tirer profit :

> Quant est de leur estude, elle est toute consummée à la lecture de livres Pantagruelicques : non tant pour passer temps joyeusement, que pour nuyre à quelcun meschantement, sçavoir est, articulant, monorticulant, torticulant, culletant, couilletant, et diabliculant, c'est à dire callumniant. Ce que faisans semblent es coquins de village qui fougent et escharbottent la merde des petitz enfans en la saison des cerises et guignes pour trouver des noyaulx, et iceulx vendre es drogueurs qui font l'huille de Maguelet. (P34, 337)

Ces lecteurs rongent le texte à leur manière, en déformant la mémoire qu'il faut en garder. Le sens en est trahi. En « regardant par le pertuys » – autre image rabelaisienne qui désigne les manipulations d'une lecture partielle et partiale – les lecteurs oublient l'essentiel au profit du détail : un mot, une phrase sortie de son contexte, fixera leur attention et leur indignation.

Quelles précautions prendre pour se prémunir de ce type d'oublieuse lecture ? Rabelais tente de s'en protéger en fustigeant leurs façons, puis en les chassant par des invectives violentes qu'il dispose de façon récurrente aux seuils de son œuvre. Les mots employés sont sans ambiguïté : les censeurs sont tantôt traités d'« Hypocrites », de « Caffars », de « Cagotz, Escargotz », ou encore de « Frapars, Botineurs, et aultres telles sectes de gens, qui se sont desguisez comme masques pour tromper le monde » (P34, 336-337). Au terme du *Pantagruel*, le narrateur appelle ses lecteurs à fuir cette engeance nuisible : « Iceulx fuyez, abhorrissez, et haissez aultant que je foys et vous en trouverez bien sur ma foy » (*ibid.*). Cette sinistre liste de perfides de toutes espèces figurera encore sous la forme d'une inscription gravée « en grosses lettres antiques » sur la porte de Thélème. Les vers sont destinés à interdire radicalement l'accès de l'abbaye à tout imposteur qui prétendrait y répandre ses abus :

Cy n'entrez pas Hypocrites, bigotz,
Vieux matagotz, marmiteux borsouflez,
Torcoulx, badaulx plus que n'estoient les Gotz,
Ny Ostrogotz, precurseurs des magotz,
Haires, cagotz, caffars empantouflez,
Gueux mitouflez, frapars escorniflez,
Befflez, enflez, fagoteurs de tabus
Tirez ailleurs pour vendre voz abus.

Voz abus meschans
Rempliroient mes champs
De meschanceté.
Et par faulseté
Troubleroient mes chants
Voz abus meschans. (G54, 141)

Notons que ces premières strophes présentent une opposition formelle entre le « vous » des Hypocrites faussaires et méchants et leur victime qui parle ici exceptionnellement à la première personne, en évoquant ses « chants »[4]. La présence de chants, créations littéraires, dévoile celle d'un narrateur qui saisit l'occasion des préceptes de l'abbaye de Thélème pour défendre sa plume. D'autres indésirables sont chassés de ce havre de paix et de bonheur qu'est Thélème, présenté notamment comme un refuge pour les persécutés ; cependant, les censeurs sont les premiers à n'avoir pas leur place dans le lieu utopique. Bien au-delà, c'est l'espace du livre même qui leur est fermé. Les prologues écartent avec force tout lecteur malveillant. Ces « cerveaulx à bourlet grabeleurs de corrections » (Tpr, 352), sont chassés sans ambiguïté de l'enceinte joyeuse du « tonneau inexpuisible » de la prose rabelaisienne. Le narrateur des prologues propose au contraire à ses lecteurs un pacte de lecture pantagruélique, c'est-à-dire bienveillante et riante. Ceux qui ne sont pas disposés à adopter cette attitude n'auront qu'à passer leur chemin. Le narrateur les y incite très fermement, et s'aide du bâton dont Diogène disait vouloir se servir jusqu'après sa mort pour chasser les importuns qui lui chercheraient noise :

> Arriere mastins. Hors de la quarriere : hors de mon Soleil Cahuaille au Diable. Venez vous icy culletant articuler mon vin et compisser mon tonneau ? Voyez cy le baston que Diogenes par testament ordonna estre près luy posé après sa mort, pour chasser et esrener ces larves bustuaires, et mastins Cerbericques. Pourtant arriere Cagotz. Aux ouailles mastins. Hors d'icy Caphards de par le Diable hay. Estez vous encores là ? (...) Gzz. gzzz. gzzzzzz. Davant davant. Iront-ilz ? (Tpr, 352)

Manifestement, le style, ici très énergique, se trouve affecté par l'impératif de sauvegarde du texte, qui doit prévenir toute atteinte à son intégrité. Tantôt Rabelais prend à témoin les grands de ce monde, tantôt il se protège en attaquant ses possibles persécuteurs, et en les

[4] Il est certes possible de supposer que le déterminant possessif de première personne du singulier « mes » est uniquement conduit par l'homonymie qui permet de faire rimer « meschans » avec « mes chants ». Cependant, la présence de la première personne ne reparaît pas dans les strophes suivantes lorsqu'il est question d'autres indésirables (juges, usuriers ou séditieux). Il semblerait donc que les inquiétudes d'un narrateur nourrissent de préférence le passage consacré explicitement aux censeurs qui pourraient s'en prendre à ses textes.

chassant avant d'en être la victime. Ailleurs, il est possible d'identifier des formes moins ouvertement défensives de la prise en compte du danger d'oubli qui guette le texte.

Oubli et vanité

Comment trouver la force d'écrire lorsque le texte est susceptible d'être soumis à des manipulations humaines, ou à des dégradations matérielles ? La prise de conscience que l'œuvre pourrait tomber dans l'oubli a des conséquences sur l'écriture. Rabelais n'est ni désespéré ni sceptique, mais certains de ses choix dans la fiction ou le style peuvent être envisagés sous l'angle de la prise en compte d'une déperdition possible de son texte.

Le support est menacé par l'action conjointe du temps, des conditions atmosphériques, des bêtes parasites. Il importe de trouver un moyen de multiplier les exemplaires pour que certains aient une chance de survivre à ces accidents. La réponse est dans la fiction. Si Gargantua, en effet, ne fait aucun mal aux vaincus de la guerre pichrocoline, il les condamne cependant à faire fonctionner les presses de l'imprimerie qu'il a tout récemment fondée (G51, 136). Maintenir l'activité des presses est une bonne chose, encore peut-on améliorer la matière dont les livres sont faits. Là encore, la fiction contient des idées, telle la panacée que constitue le Pantagruélion, bon à tout, et même à faire renaître un texte de ses cendres. La plante imaginaire, qui ressemble en tous points au chanvre, est l'un des ingrédients qui entrent originellement dans la fabrication du papier, composé au XIe siècle de chanvre et de lin[5] :

---

[5] Pierre-Marc de Biasi signale que *La Coutume des scribes*, manuel de technique papetière du XIe siècle, cite l'utilisation du lin et du chanvre pour la fabrication du papier (*Le Papier. Une aventure au quotidien*, Paris, Gallimard, « Découvertes », 1999, p. 35). Rappelons que la description physique du Pantagruélion l'apparente au chanvre ; voir sur ce point « Polysémie et pharmacie dans le *Tiers Livre* », article de Marie-Luce Demonet publié dans *Rabelais et le* Tiers Livre. *Colloque de Nice, 2-3 février 1996*, éd. E. Kotler, Publications de la Faculté des Lettres de Nice Sophia Antipolis-CNRS, Nouvelle série n°25, 1996, p. 61-84.

> Sans elle [la racine de pantagruélion] que feroient les Tabellions, les Copistes, les Secretaires, et Escrivains ? Ne periroient les Pantarques et papiers rantiers ? Ne periroit le noble art d'Imprimerie ? (T51, 507)

Non seulement le Pantagruélion assure la survie de toutes les activités d'écriture, mais encore ses vertus mirifiques offrent au papier qui en est dérivé une qualité imputrescible, fort intéressante à une époque où certains livres sont condamnés à être brûlés. Le Pantagruélion leur garantit une protection universelle, car il protège du feu, de la pluie, du froid, de la chaleur, en somme de tous les dommages qui pourraient les faire oublier définitivement en oblitérant leur présence physique :

> Le Pantagruelion non seulement ne sera consumé ne ards (...) mais sera en fin du feu extraict plus beau, plus blanc, et plus net que ne l'y aviez jecté. (...) O chose grande ! chose admirable ? Le feu qui tout devore, tout deguaste, et consume : nettoye, purge, et blanchist ce seul Pantagruelion Carpasien Asbestin[6]. (T52, 510)

Le *Tiers Livre* s'achève sur cet espoir d'un matériau imaginaire parfait qui préserverait des attaques corrosives. L'invention de cette panacée, si le papier en était composé, rendrait le texte invulnérable, et en favoriserait la conservation.

Le catalogage représente une autre façon pratique de conserver le livre[7] pour faire en sorte qu'il ne tombe pas dans l'oubli. Rabelais fait état dans son œuvre de cette nécessité de conservation de manière parodique lors de l'inventaire que constitue le catalogue de la Bibliothèque Saint Victor (P7). L'échantillonnage de livres alors

---

[6] J. Céard rappelle dans son édition du *Tiers Livre* (Paris, Livre de Poche Classique, 1995, n. 7, p. 470) que l'« asbeston » est une variété de lin qui résiste au feu selon Pline (*Histoire naturelle*, XIX, 1) et dont on fait les linceuls des rois pour distinguer les cendres de leur corps de celles des bois odorants dont on les brûlait ; il est appelé par la propriété de sa nature : « asbestinos » signifie en grec « incombustible ».

[7] Il s'agit d'une question d'actualité à l'heure des débuts de l'imprimerie. La production foisonnante rend nécessaire une réflexion des conservateurs sur leur classement (voir Elisabeth L. Eisenstein, *La Révolution de l'imprimé dans l'Europe des premiers temps modernes*, Paris, La Découverte, 1991, p. 85-95).

recueillis comporte en majorité des textes qui n'existent pas ; les titres véritables ont été pastichés et transposés dans un registre burlesque. Néanmoins, derrière la parodie demeure la présence, que le lecteur peut deviner, d'un grand nombre de livres véritables. La liste figure une réserve d'ouvrages qui échappent à l'oubli, puisque l'auteur les incorpore de façon détournée à la trame de l'œuvre.

La forme de la liste peut être considérée comme une manière du texte rabelaisien d'intégrer l'oubli, de l'accepter, en le montrant. L'étude des variantes des listes des *Tiers* et *Quart Livres* montre que Rabelais y a ajouté des éléments « oubliés » au cours des éditions successives. Une liste n'est par définition pas exhaustive. Les oublis qu'elle ménage maintiennent le texte ouvert, en offrant la possibilité d'additions à venir.

L'oubli est dès lors une composante avec laquelle le texte peut compter. D'autres occurrences montrent qu'il participe aux effets de surprise du texte, à son charme sur le lecteur. Ce dernier s'aperçoit en effet que l'oubli pénètre la composition du texte lorsque le narrateur promet des péripéties qui resteront du domaine de la fiction. La page de titre du *Tiers Livre* fait miroiter un avenir du texte qui semble oublié par l'écrivain en cours de rédaction :

> L'AUTHEUR SUSDICT supplie ses Lecteurs benevoles, soy reserver a rire au soixante et dixhuytiesme Livre. (Tpage de titre, 339)

Or, le fameux 78e livre reste introuvable. Tout comme le récit envisagé à la fin du *Pantagruel*, qui n'a jamais vu le jour alors qu'il était promis aux lecteurs pour la foire de Francfort :

> vous verrez comment Panurge fut marié, et cocqu dès le premier moys de ses nopces, et comment Pantagruel trouva la pierre philosophale, et la maniere de la trouver et d'en user. Et comment il passa les mons Caspies, comment il naviga par la mer Athlantique et deffit les Canibales, et conquesta les isles de Perlas. Comment il espousa la fille du roy de Inde nommé Presthan. Comment il combatit contre les diables, et fist brusler cinq chambres d'enfer, et mist à sac la grande chambre noire, et getta Proserpine au feu, et rompit quatre dentz à Lucifer, et une corne au cul, et comment il visita les regions de la lune, pour sçavoir si à la verité

la Lune n'estoit entiere : mais que les femmes en avoient troys quartiers en la teste. (P34, 336)

L'auteur dissémine ainsi des annonces « publicitaires » qui sont l'œuvre d'un bonimenteur. Elles ont pour fonction d'attirer le lecteur, et sont oubliées sitôt lancées. Les écrire constitue un passe-temps joyeux, partagé avec un lecteur complice qui n'attend pas nécessairement de lire ces développements et qui lui aussi en oublie la teneur exacte sitôt le livre refermé. L'auteur lui-même est le premier à ironiser sur l'intérêt de ces péripéties. Il les qualifie de « balivernes et plaisantes mocquettes », de « petites joyeusetez » (*ibid.*). A la fin du prologue du *Gargantua*, il déclare que la suite du texte – à savoir le livre entier – n'est autre qu'un ensemble de « belles billes vezées » ; le « petit » traité rongé par les malignes bêtes est intitulé « *fanfreluches* antidotées »... Ces images font toutes référence à la bulle d'air : une bille vezée évoque un ventre (« beille »[8]) rempli d'air à la façon d'une cornemuse, tandis que le mot « fanfreluche », du bas latin *famfaluca*, signifie à l'origine « bulle d'air ». Chez Calvin, le mot prendra le sens de « petite chose légère que le vent emporte »[9]. Les histoires qui composent le livre sont traitées comme si elles étaient faites de vent, joyeuses et folles inepties qui font passer le temps. La distance qui met en question l'importance des écrits donne toute liberté au lecteur d'oublier les billevesées, de les laisser s'envoler comme les paroles voltigeantes que voient les navigateurs du *Quart Livre*.

Rabelais témoigne d'une réalité de son époque, la périssable nature des textes. Pour être transmise par écrit d'une génération à l'autre, l'information devait passer par des textes qui s'altéraient et des manuscrits qui disparaissaient[10]. La situation s'envenime lorsque la censure se mêle de faire disparaître des textes qui sans elle auraient survécu. La dérision de l'écrivain lui permet de s'accommoder de l'oubli alors même qu'il continue à écrire. Si le texte peut périr,

---

[8] Le terme est prononcé « bille » en Poitou.

[9] Voir pour ces deux mots le *Dictionnaire historique de la langue française*, dir. A. Rey, Paris, Le Robert, 1992.

[10] Voir E. L. Eisenstein, *op. cit.*, 1991, p. 102 ss.

matériellement ou par décret, autant ne pas laisser croire à son importance supposée. La meilleure défense reste d'écrire du vent, d'une part pour que les lecteurs n'en soient ni meurtris ni offusqués (des histoires légères ne valent pas qu'on les condamne), d'autre part parce que le support périssable sur lequel tout cela s'écrit se prête à des paroles de rien.

L'épisode des paroles gelées met en scène des personnages qui entendent les sons rendus par des mots lorsqu'ils les laissent fondre dans leurs mains. Cela leur procure « passe-temps beaucoup », au point que le narrateur manifeste l'envie de conserver quelques unes de ces paroles-objets dans de l'huile ou de la paille. Geler les mots, est-ce la solution pour qu'ils ne tombent pas dans l'oubli ? Il n'en est pas question : Pantagruel s'y refuse, « disant estre follie faire reserve de ce dont jamais l'on n'a faulte, et que tous jours on a en main, comme sont motz de gueule entre tous bons et joyeulx Pantagruelistes » (Q56, 671). Geler, figer, conserver n'est pas une idée recevable ; les mots s'en trouvent paralysés[11] et le bon sens s'y oppose. Rabelais incite au contraire à dégeler les paroles, à les laisser voltiger pour les faire vivre, sans attendre de différents matériaux qu'ils les conservent, car il garde peu d'illusion sur cette conservation : provisoire, elle risque d'altérer le contenu de ce qu'elle veut préserver. La mémoire des hommes, vaste réservoir, est quant à elle beaucoup plus fiable, elle garde disponibles à tout moment les mots de gueule, si légers, vains et aériens soient-ils, afin qu'ils claquent et qu'ils crépitent aux oreilles et aux yeux de ceux qui sont disposés à se régaler de belles billevesées. L'écriture si opulente de Rabelais se compose paradoxalement sur fond d'oubli ; elle s'amuse de son évanescence.

Myriam MARRACHE-GOURAUD
Université de Poitiers

[11] Concernant les conséquences possibles sur le « gel » de leur signification, et les interprétations réductrices et dogmatiques que ce gel peut évoquer métaphoriquement, voir l'article de Michel Jeanneret intitulé « Les paroles dégelées (*Quart Livre* 48-65) » (*Littérature* n°17, 1975, p. 14-30).

THE BROKEN HEART BY JOHN FORD: BETWEEN MEMORY AND OBLIVION

There are, perhaps, not many other English Renaissance dramas – Shakespeare's excepted – which, like John Ford's *Broken Heart,* are so conspicuously involved with the conflicting forces of memory and oblivion.[1]

Coming as it does at a late period in the great flourishing of Renaissance drama, *The Broken Heart is* redolent with a sense of exhaustion and a longing for oblivion; but at the same time memory asserts its claims and finally emerges, consecrated in death.

Even if, formally, *The Broken Heart* is a tragedy of revenge, essentially it is a drama of moral strength and endurance focused on love in death and beyond death. The revenge and the revenger in this play are in fact atypical in the tradition of the genre: the revenger, who according to his role should be prompted by memory, is paradoxically prompted also by a longing for oblivion, his revenge being carried out as a rite of sacrifice which acquires the meaning of an atonement and obliteration of the past. Moreover, and more paradoxically still, the victim cooperates in the revenge which overtakes him, being just as willing as the revenger to cancel the past through his own death.[2]

But there are other reasons why the drama turns so forcibly on the competing forces of memory and oblivion: as in Shakespeare's *Tempest*[3], but to a higher degree, the drama opens when the main fatal

---

[1] For a survey of memory and oblivion in the theatre from Sophocles to our own times, see O. Ponte di Pino, «Il teatro e la dimenticanza», *Ikon: rivista dell'Istituto Gemelli,* 21 (1990), pp. 145-168.

[2] For a more inclusive reading of the play see my article «Una lettura di *The Broken Heart* di John Ford», *Annali della Facoltà di Lingue e Letterature Straniere di Ca' Foscari,* 15, 2 (1976), pp. 153-172.

[3] See, J. Baldo, «Exporting Oblivion in *The Tempest*», *Modern Language Quarterly.* 56, 2 (1995), pp. 111-144.

actions of the play have already taken place: a king (Thrasus) has died and a new one (Amyclas) has succeeded him in Sparta, a civil broil has been pacified, a foreign war has been successfully concluded and its victorious general, Ithocles, is triumphantly coming home; the marriage on the point of being celebrated with mutual love between Orgilus and Penthea has been ruthlessly impeded by Ithocles, Penthea's brother, who has forced his sister, the dead Thrasus's daughter, to marry Bassanes, a wealthy, old man; the violence done to Penthea has already been bitterly repented and expiated by Ithocles who is himself beginning to experience the pangs of a seemingly impossible love for Calantha, the royal princess.

So what we actually witness is the aftermath of past events: the stage is set for scorching memories, impossible hopes and finally for that tragic oblivion for which all the characters are longing[4].

I have hitherto used the terms «memory» and «oblivion» in their more general, current sense; but in *The Broken Heart* there are two types of memory, just as there are two kinds of oblivion; there is a historical or public memory[5] and a personal or individual one; there is the oblivion of death, and the even more tragic oblivion of self[6] which culminates in loss of identity and eventually in madness.

The drama opens in the key of public memory and it closes in the same key, thus encapsulating the play between two moments of public concern. This structural feature furnishes the tragedy with a local background and a temporal one, however fictional, where Sparta stands as the traditional environment for a drama of moral strength and endurance; it also gives a wider dimension to a play which would otherwise be entirely domestic.

Right at the beginning of the drama Orgilus expounds some of the affairs of State which have recently taken place in Sparta: the civil

---

[4] On aspiration to oblivion see, M. Brusantin, *Arte dell'oblio,* Torino, Einaudi, 2000, pp. 49, 52, 57. The book however deals with the motive in figurative arts.

[5] On historical memory in a wider sense see, P. Rossi, *Il passato, la memoria, l'oblio,* Bologna, Il Mulino, 1991.

[6] On self-oblivion in psychoanalytic terms see, S. Freud, *Inibizione, sintomo, angoscia,* OSF, X, Torino, Bollati Boringhieri, 1978; see also Freud's "Lutto e melanconia" in *Metapsicologia,* OSF, VIII, Torino, Bollati Boringhieri, 1976. Both works are quoted in G. Cacciavillani, ed., *La memoria e l'oblio,* Venezia, Cafoscarina, 1999, p. 43.

strife which has been brought to an end and peace confirmed by the betrothal of Penthea and Orgilus, soon after frustrated by Ithocles who «nourished closely/The memory of former discontents» (I, 1, 40-41)[7]. Historical and personal memories are thus linked in a chain of cause and effect; but from now onwards the core of the drama deals with personal events.

Memories of the past and what might have been are of course focused on Orgilus and Penthea, but they involve the repentant Ithocles as well.

On the surface Orgilus and Penthea seem to take different attitudes towards the remembrance of their mutual love: although Orgilus pretends to leave Sparta in order «to lose the memory» which Penthea's presence «makes to live in (him) afresh» (I, 1, 81-82), he is actually living there in disguise and nourishing the hope of consummating that love; Penthea, on the contrary, is striving to forget – and make Orgilus forget – a love that for her is now «buried in an everlasting silence» (II, 3, 69), so that in a gesture of symbolic significance, she allows Orgilus to speak to her only when disguised, that is to say, annihilated and effaced.

But in spite of herself, Penthea *cannot* forget. The impossibility of voluntary oblivion has been discussed on semiotic bases by Umberto Eco who has argued that there is not, and there cannot be, an *ars oblivionalis,* as he calls it, while on the contrary there has always been, since ancient times, a long and much honoured tradition of *ars memoriae.* Before Eco, and on different bases, also Paul Valéry had come to the conclusion that it is «*impossible d'oublier volontairement*» even if «*on peut aider à l'oubli*»[8].

As for Penthea, she does not only remember, but asks that her pitiful condition be remembered: «Remember from what fortune 1 am fallen,

---

[7] All quotations are from The New Mermaids edition, ed. by B. Morris, London, Ernest Benn, 1965.

[8] U. Eco, «*Ars Oblivionalis?* Forget it», *PMLA,* 103 (1988), pp. 254-261. Eco's argument has been questioned, or rather qualified, by H. Weinrich in his fascinating historical survey of the theme of memory and oblivion in literature and philosophy; see, *Lethe. Kunst und Kritik des Vergessens,* München, Beck, 1997; Italian trans. *Lete, Arte e critica dell'oblio,* Bologna, Il Mulino, 1999; see pp. 23-24 ff. For the passage from Valérie see, *ibidem,* p. 204.

/ And pity my own ruin» (II, 3, 88-89). Thus, caught between the urge to forget and the unsuppressible urge to remember, she is already wavering between two unreconcilable drives which will eventually lead to the wreck of her identity.

Penthea – the most touching figure in the drama – plays as in a symphony all the chords of memory and oblivion, filling the stage in three compelling scenes: a duet with her brother, the scene of her testament and finally that of her pathetic derangement.

The duet with her brother is saturated with the tension between the claims of memory and a desire for final oblivion.

The first note of that aspiration resounds in Ithocles's intense death-wish: «I could wish/That the first pillow whereon 1 was cradled/Had proved to me a grave» (III, 2, 36-38). In a ritualized repartee, Penthea echoes him: «Pray kill me; / ... / Then we will join in friendship, be again/Brother and sister» *(ibidem,* 64-67), thus envisaging a reconciliation possible only in the oblivion of death.

But subsequently memory revives in Penthea's identification of herself with her brother who is likewise suffering from the pangs of love. This identification will produce its effects in the testament scene where Penthea, in a redeeming act of charity, furthers Ithocles's love for Calantha.

The testament scene, which is placed right at the centre of the drama as one of its climactic moments, is also the culminating point of collision between memory and oblivion. A testament, in fact, by its very nature, is a token of memory for the future, meant to counteract the oblivion of death.

Having appointed Calantha as her executrix, Penthea leaves her three jewels to dispose of. Significantly, her second jewel – her fame, «By scandal yet untouched» (III, 5, 61) – is bequeathed to Memory itself; a public acknowledgement of her inner claim to remembrance when, as she says, «I am fallen to dust» (*ibidem*, 64).

The third jewel, her own brother, is a legacy bequeathed «in holiest rites of love», to Calantha herself and stands for Penthea's own heart which she lost long ago: «'Tis long agone since first I lost my heart, / Long have 1 lived without it» (*ibidem*, 72-73).

The image of the «lost heart», looking back as it does to the title of the play, is also a central symbol in the drama, but here it acts as an anticipation of Penthea's estrangement from herself, apparent in the scene of her derangement.

In Freudian terms that derangement is a case of self-oblivion, which occurs when the subject, far from forgetting the beloved lost object, clings to it so desperately that no acceptance of its loss is recognized; on the contrary, the subject identifies with the object of desire, thus confusing past and present while living in fact in the past. In this mental state, this deadlock of the mind, there is no real memory, but oblivion, since memory, on the contrary, implies detachment, distance and perspective[9].

In her proclaimed wish to forget the past, Penthea clings to it, is actually living in it: her memory is not the normal kind of nostalgic memory, however painful, but oblivion of the principle of reality, which coincides with madness.

Her pathetic ravings have such a pure poetical quality that the effort to decipher them destroys their ineffable beauty: on this quivering surface, this pathetically broken mirror, critical analysis can never move too delicately. Without trying, therefore, to rationalize too much what owes its compelling beauty precisely to its being only half rational, one can say that Penthea's first raving words unconsciously turn harsh reality into symbols that are either mythical or traditional: these are all symbols of love and death, perceived in a dreamy state between sleep and waking – that is between oblivion and memory – and inexorably sliding towards a short journey to death:

> Sure, if we were all Sirens, we should sing pitifully;
> And 'twere a comely music, when in parts
> One sung another's knell. The turtle sighs
> When he hath lost his mate; and yet some say
> 'A must be dead first. 'Tis a fine deceit
> To pass away in a dream: indeed, I've slept
> With mine eyes open a great while. (IV, 2, 69-75)

---

[9] See G. Cacciavillani, «Memoria e oblio» and «Lutto e ricordo ne *La Vigne et la Maison di Lamartine*» in *La memoria e l'oblio* ed. by G. Cacciavillani, cit. pp. 11-25 and 43-54. On self-oblivion see also, V. De Maldé and G. Gaspari, «Biblioteca portatile dell'oblio», *Ikon: rivista dell'Istituto Gemelli*, 21 (1990), pp. 169-199.

Appropriately the Sirens «singing pitifully» are the mythical symbols of self destruction produced by desire when the imagination presents an impossible dream instead of reality[10]. Thus they coherently link up with Penthea's wish «To pass away in a dream». A further traditional symbol is the dove – the symbol of conjugal fidelity – and this Penthea will later on juxtapose to her «broken faith» to Orgilus.

But there are other significant passages in which reality is conveyed through the veiled transparency of symbols, or through the divining medium of a prolepsis. When Orgilus asks Penthea to let him kiss her hand, she answers in disconnected, but highly significant terms:

Kiss it –
Alack, alack, his lips be wondrous cold;
Dear soul, h'as lost his colour: have 'ee seen
A straying heart? All crannies! Every drop
Of blood is turned to an amethyst,
Which married bachelors hang in their ears. (IV, 2, 127-132)

Orgilus's cold lips and his loss of colour are an anticipation of his imminent voluntary death by bleeding; but more interesting still is the reference to the «straying heart» and the «amethyst», the first links up with Penthea's «lost heart» and the second with the metaphor of the «jewel», both of which appeared in the testament scene; here the jewel – the amethyst – is a symbol not only of temperance, but of memory[11], and appropriately «married bachelors» – that is young men like Orgilus, who are engaged but not married – use it as ear-rings.

The most famous lines in the play - which T.S. Eliot recognized as «The purest poetry to be found in the whole of Ford's writings»[12] – is centered on the rose, the symbol of love, and they begin with a strong appeal to memory: «Remember,/When we last gathered roses in the garden,/1 found my wits; but truly you lost yours» (IV, 2, 119-121).

---

[10] See *Dizionario dei simboli,* Milano, Rizzoli, 1986.

[11] *Ibidem.*

[12] T.S. Eliot, «John Ford» in *Elizabethan Dramatists,* London, Faber & Faber, 1962, p. 126.

The passage is addressed to Ithocles and hints at his love for Calantha, but in its rambling indeterminacy, it may include Orgilus as well, especially if we consider that all the other ravings reveal a confusion of roles, time and identity: Bassanes's old age and impotence (Penthea confuses him with her father: «I must have called you father», IV, 2, 143) become Penthea's own old age and sterility («'tis too late for me to marry now,/ 1 am past child-bearing; 'tis not my fault», *ibidem,* 93-94); just as her forced marriage stamps with bastardy her own imaginary offspring («then my little ones had been no bastards», *ibidem,* 92), so that her own name will be remembered as a tainted one: «to all memory/Penthea's, poor Penthea's name is strumpeted» (*ibidem*, 47-48).

The contradictory consciousness that Penthea has of her moral standing (in the testament scene she had spoken of her fame «By scandal yet untouched») is not due to her present derangement, but to a more pervasive and deeply embedded concept of herself: a cluster of startling antonyms had already appeared in the testament scene where Penthea had spoken of «virgin wives» and «married maids», both of which reflect her own paradoxical situation. This situation makes her, just as paradoxically, «a ravished wife,/ Widowed by lawless marriage» (IV, 2, 145-146), and extended to Orgilus makes him a «married bachelor». These oxymorons – which are such an extraordinary trait of Penthea's language – express the deadlock in which, right from the beginning, she is inextricably caught or, in other words, her deeply divided and lacerated self – the very matrix of her final self-oblivion.

If Penthea is a figure of oblivion, Calantha is a figure of memory. The drama opens with Penthea and closes with Calantha; in other words, it opens on the note of oblivion and closes on the note of memory.

After Penthea's death by starvation, which is just as literal as it is symbolical, Calantha comes to the foreground and is at the centre of two spectacular scenes in which the drama regains its public dimension, without losing its personal one.

The first scene is that of the famous court dance which celebrates a court marriage: here Calantha stands out as a heroine of Spartan fortitude, for she dances on, without interruption, despite the succession of tragic messages she hears, announcing the deaths of her father,

Penthea and Ithocles, her secretly contracted husband, who has been murdered, or rather sacrificed, by Orgilus.

The final grand scene takes place in front of a white altar, representing Calantha's coronation altar (she has succeeded her father as queen of Sparta), that of her public marriage with the now lifeless Ithocles, and that of her own funeral service.

Historical and personal memories fuse in this one ceremony; reminding her subjects of the time-honoured tradition of Sparta which has been «ever fortunate in princes/Of masculine and stirring composition» (V, 3, 6-7), Calantha abdicates in favour of the Prince of Argos, because «A nation warlike, and inured to practise/Of policy and labour, cannot brook/A feminate authority» (*ibidem*, 10-12).

Soon after she turns to personal memory, her dead husband:

> ... now I turn to thee, thou shadow
> Of my contracted lord. Bear witness all,
> I put my mother's wedding-ring upon
> His finger; 'twas my father's last bequest.
> Thus I new-marry him whose wife I am;
> Death shall not separate us. (*ibidem*, 62-67)

It is only when public and personal concerns have all been attended to that Calantha finally cracks:

> Oh, my lords,
> I but deceived your eyes with antic gesture,
> When one news straight came huddling on another
> Of death, and death, and death. Still I danced forward;
> But it struck home, and here, and in an instant.
> ....
> They are the silent griefs which cut the heart-strings;
> Let me die smiling. (*ibidem*, 67-76)

The *Broken Heart* is a drama of oblivion, but it is with Calantha and through Calantha that memory finally triumphs, consecrated in death.

E. PAGANELLI

L'ART DE LA MÉMOIRE ET LE TRAVAIL DE L'OUBLI

Nous vivons à une époque où la fascination de l'oubli est plus forte que celle de la mémoire. L'épaisseur du temps a tendance à s'écraser contre le présent: à côté de la mémoire du passé, l'attente de l'avenir, l'espoir donc, perd du sens et de l'importance. « Le point de jonction du sens, notre présent – comme l'affirme Remo Bodei dans son *Libro della memoria e della speranza* – apparaît affaibli et dégarni... le présent semble se réduire à un point évanescent, à un espace inhospitalier qui n'est plus soutenu ni par les enseignements de la tradition, ni par une polarisation vers l'avenir. En réalité, – comme il est libéré des liens précédents – il ouvre aussi "des fenêtres d'opportunité" plus nombreuses et plus larges, d'autres espaces possibles à l'action et à la pensée. »[1]

Il est possible que cette considération finale apparaisse peut-être trop optimiste. Mais il est certain que c'est justement à la fin du XXe siècle que l'oubli a attiré l'attention des chercheurs. En 1991, Paolo Rossi, qui avait consacré une étude fondamentale à l'art de la mémoire (*Clavis universalis. Arti della memoria e logica combinatoria da Lullo a Liebniz*), publie un ouvrage intitulé *Il passato, la memoria, l'oblio*, ouvrage qui étudie le rôle de l'oubli dans le développement de la science et qui montre en même temps les capacités que l'art de la mémoire a de changer, de se transfigurer et de survivre[2].

Le dernier ouvrage de Paul Ricœur, *La mémoire, l'histoire, l'oubli,* consacre sa partie finale a « une méditation sur l'oubli », en l'encadrant «dans une herméneutique de la condition historique des humains que nous sommes. »[3]

---

[1] R. Bodei, *Libro della memoria e della speranza*, Bologna, Il Mulino, 1995, pp. 14-15.

[2] P. Rossi, *Il passato, la memoria, l'oblio*, Bologna, Il Mulino, 1991. Cf. aussi Y.H. Yerushalmi, N. Loraux, H. Mommsen, J.C. Milner, G. Vattimo, *Usi dell'oblio,* Parma, Pratiche, 1990 et *Luoghi della memoria e dell'oblio,* « Iride », VIII, 1995.

[3] P. Ricoeur, *La mémoire, l'histoire, l'oubli,* Paris, Èditions du Seuil, 2000, p. I.

En 1987, Umberto Eco s'était interrogé sur les raisons pour lesquelles il est difficile, voire impossible, de fonder un *ars oblivionalis*, de pratiquer un art de l'oubli[4]. Il l'avait fait en mêlant la plaisanterie estudiantine avec le sérieux scientifique: avec quelques amis, dit-il, il s'amuse à imaginer quelques disciplines universitaires inexistantes susceptibles de conduire à la création d'une chaire. Parmi celles-ci, il y a justement l'*ars oblivionalis* et le sujet de la discussion est de savoir dans quel département placer cette discipline. Eco décrit alors d'un point de vue sémiotique le fonctionnement des arts de la mémoire, et il explique de cette façon la difficulté de pratiquer un art de l'oubli. Il conclut en ces termes: « on n'oublie pas par effacement mais par superposition, en ne produisant pas une absence mais en multipliant les présences. Et cela explique pourquoi l'une des terreurs des mnémotechniciens est de se souvenir au point d'arriver à des idées confuses, donc pratiquement à oublier... On a donc compris pourquoi un *Ars oblivionalis* n'est pas possible. Il appartient au département d' "*adynata*" parce qu'il est en fait irréalisable. Mais si nous l'entendons comme Sémiotique Oblivionalis, cette discipline appartient au département d'Ossimorique, parce qu'une sémiotique est par définition un dispositif pour limiter les processus naturels d'oubli. »

Je partage l'idée d'Umberto Eco selon laquelle la mémoire et l'oubli sont étroitement liés et que les arts de la mémoire nous aident donc à comprendre quelque chose sur les raisons pour lesquelles l'oubli, voire le contrôle de l'oubli peut être aussi difficile. Toutefois, la voie que je suivrai sera différente: j'essaierai d'observer ce que les techniques de la mémoire et de l'oubli nous font comprendre à propos de la nature des images qui se créent dans l'esprit; plutôt que d'aller sur le terrain de la sémiotique et de la rhétorique, je m'attarderai sur les processus théâtraux et mentaux qui sont mis en scène par l'art de la mémoire, tant pour se souvenir que pour oublier.

Tout d'abord je ferai allusion au fait que même dans la tradition la plus ancienne concernant la mémoire et la mnémotechnique, mémoire et oubli sont étroitement liés. Dans la Grèce archaïque, la Mémoire

---

[4] U. Eco, *Ars oblivionalis*, in « Kos », III, n. 30 *Memento. Tecniche della memoria e dell'oblio*, 1987, pp. 40-53.

(Mnémosyne) est une déesse qui préside à la connaissance et à la poésie: elle est en effet la mère des Muses, c'est à elle que les poètes demandent de l'aide et l'inspiration pour se rappeler ce qu'ils doivent chanter. Voyons comment Hésiode en parle dans son ouvrage *Theogonie* (v.36-40, 52-55) : « or, sus, commençons donc par les Muses, dont les hymnes réjouissent le grand cœur de Zeus leur père, dans l'Olympe, quand elles disent ce qui est, ce qui sera, ce qui fut, de leurs voix à l'unisson. Sans répit, de leur lèvres, des accents coulent, délicieux, et la demeure de leur père, de Zeus aux éclats puissants, sourit, quand s'épand la voix lumineuse des déesses... C'est en Piérie qu'unie au Cronide, leur père, les enfanta Mnémosyne, reine des coteaux d'Eleuthère, pour être l'oubli des malheurs, la trêve aux soucis. »[5]

La déesse de la mémoire a donc la capacité d'engendrer les contraires. Ses filles chantent les dieux et les héros, elles garantissent la mémoire de ce qui constitue l'identité d'une communauté humaine; en même temps, grâce à la douceur de leur chant et la beauté de leur vers, elles peuvent offrir un répit à la souffrance et, comme le dit Hésiode dans un autre passage (vv. 98-103), elle font oublier un court instant la douleur du deuil.

Le besoin – parfois douloureux – de l'oubli apparaît également dans les textes qui rappellent l'invention de l'art de la mémoire[6]. On raconte en effet que l'inventeur de cet art, le poète Simonide de Céos, alla chez Thémistocle pour lui enseigner justement le nouvel art qu'il avait trouvé et que Thémistocle lui répondit qu'il aurait plutôt voulu que quelqu'un lui apprît l'art d'oublier. La fascination et la terreur de la mémoire, la richesse et le poids angoissant qui lui sont intrinsèques s'entrelacent dès les origines.

---

[5] Hésiode, *Theogonie,* éd. P. Maron, Paris, Les Belles Lettres, 1951.

[6] Sur la tradition de l'art de la mémoire, cf. P. Rossi, *Clavis universalis. Arti della memoria e logica combinatoria da Lullo a Leibniz,* Milano-Napoli, Ricciardi, 1960 ; F. Yates, *The Art of Memory,* London, Routledge and Kegan Paul, 1966 ; M. Carruthers, *The Book of Memory. A Study of Memory in Medieval Culture*, Cambridge, Cambridge University Press, 1990 ; L. Bolzoni, *La stanza della memoria. Modelli letterari e iconografici nell'età della stampa,* Torino, Einaudi, 1995.

J'aimerais rappeler à présent un autre chercheur qui s'est occupé récemment de l'oubli; il s'agit de Harald Weinrich qui, en 1997, a publié l'ouvrage *Lethe, Kunst und Kritik des Vergessens* (*Léthé. Art et critique de l'oubli*), ouvrage qui a été ensuite traduit en plusieurs langues. A l'enseigne de l'oubli, Weinrich accomplit un véritable périple à travers la littérature occidentale: de Homère, Ovide, Platon, il arrive aux terribles expériences du XXe siècle, jusqu'à cet « oubli impossible » que Auschwitz impose.

Parmi les textes que Weinrich analyse avec beaucoup d'élégance, il se trouve des textes de Jorge Luis Borges[7]. Borges, qui a été longtemps directeur de la plus importante bibliothèque de Buenos Aires, est fasciné par les territoires obscurs qui marquent la frontière entre mémoire et oubli. L'« oubli, écrit Borges, est une forme de la mémoire, son lieu souterrain, l'autre face secrète de la monnaie. » C'est peut-être pour cette raison que dans *La Bibliothèque de Babel*, pendant que les bibliothécaires cherchent en vain le livre total, le livre définitif, qui soit « sigle et résumé » des livres existants, une secte secrète, formée elle aussi de bibliothécaires, cultive l'oubli, essaie de le produire et détruit donc systématiquement les « livres inutiles ».

Mais il existe un récit de Borges qui, d'un côté, représente bien la force de la mémoire, ses ressources incroyables et qui, de l'autre, met en scène son caractère impitoyable, c'est *Funes el memorioso*. Il s'agit d'un garçon qui est resté paralysé à la suite d'un accident et qui vit dans l'obscurité, complètement dominé par la force de sa mémoire, qui le fait se souvenir de tous les détails et qui associe les images visuelles avec d'autres sensations: "Il pouvait reconstruire tous les rêves de ses sommeils, toutes les images de ses demi-sommeils... Il me dit : « J'ai plus de souvenirs à moi tout seul que ne les auront eus tous les hommes mis ensemble, depuis que le monde est monde. » Il dit aussi : « Ma mémoire, monsieur, est comme un dépôt d'ordures. »

Funes est donc un personnage complètement dominé par sa mémoire; sa force et sa richesse risquent de devenir un poids insupportable. Les vicissitudes de Funes sont très proches de l'histoire – vraie celle-ci – de Shereshevskij, à laquelle le neuropsychologue russe

---

[7] H. Weinrich, *Lethe. Kunst und Kritik des Vergessens*, München, Beck, 1997, IX, 1.

Alexander Lurija a consacré un livre fascinant[8]. Lurija commence à analyser Shereshevskij dans les années 1920. Il s'agit d'un garçon qui est par nature doué d'une mémoire extraordinaire. Durant toute une période de sa vie, il essaie de mener une vie normale, c'est-à- dire qu'il s'efforce de vivre avec son incapacité à oublier; il exerce ainsi différents métiers, mais à la fin, pour ainsi dire, il cède à sa mémoire et il exerce les fonctions de « mnémoniste » : il montre ses capacités mnémoniques en public au cours de spectacles. C'est alors que Shereshevskij s'observe, qu'il prend conscience des façons dont sa mémoire organise ses souvenirs. Ainsi nous apprenons notamment que son esprit a une capacité incroyable de transformer les mots en images, de créer des associations, de faire surgir de petits spectacles théâtraux à partir des mots. Pour éviter que les images ne l'entraînent trop loin, Shereshevskij place chacune d'entre elles dans un lieu et il dispose les lieux le long d'un parcours délimité: par exemple dans la cour où il a joué étant petit, donc un espace familier, bien présent dans le souvenir, animé par la nostalgie.

Des lieux, des classements, des images: nous retrouvons là, dans l'expérience que ce garçon russe vit au XXe siècle, les composantes fondamentales de l'ancienne tradition de l'art de la mémoire. Il est important de souligner que Shereshevskij ne connaissait pas l'art de la mémoire – qu'il exerce inconsciemment – ni Lurija, le chercheur qui l'étudie et analyse ses processus. Il s'agit également pour nous d'une possibilité extraordinaire: celle de voir renaître, dans un contexte contemporain, une expérience qui apparaît sous bien des aspects comme un fossile culturel; cela nous permet notamment d'observer, sur le vif, le croisement entre les techniques de la mémoire et celles de l'oubli.

Ainsi, Shereshevskij gagne sa vie en montrant ses dons mnémoniques lors de spectacles. Mais les images qui se pressent dans son esprit sont si fortes et si vives que les nouveaux spectacles peuvent devenir trop fatigants. C'est alors qu'il élabore des techniques pour oublier, techniques qui impliquent d'effacer les images. « Je dois... faire descendre une grande toile qui cache tout ce qu'il y a de superflu,

---

[8] A. Lurija, *The Mind of Mnemonist. A Little Book about a Vast Memory*, Cambridge (Mass.), Harvard University Press, 1987.

pour que je ne les voie pas », raconte-t-il, ou bien, quand il est sollicité pour rappeler une série de nombres qui sont écrits sur un tableau, il dit « de peur de confondre les spectacles, j'efface mentalement le tableau et je le couvre d'une pellicule parfaitement opaque et impénétrable. Lorsque le spectacle est terminé, je m'éloigne du tableau et je détache mentalement la pellicule... je parle et c'est comme si mes mains se mettaient à la chiffonner. Cependant, dès que je m'approche du tableau, les chiffres peuvent apparaître de nouveau: il suffit d'un rien et je continue à lire la série précédente sans m'en apercevoir. » Un véritable rituel d'effacement donc, articulé en plusieurs phases peut se révéler être un échec. C'est ce qui était aussi arrivé lorsque Shereshevskij avait jeté dans le feu une feuille sur laquelle il avait noté des chiffres qu'il voulait oublier: il s'était aperçu que quelques traces étaient restées sur la feuille carbonisée.

Les images de la mémoire, comme nous pouvons le remarquer, ne sont pas de simples instruments: elles ont une vitalité qu'il faut parfois combattre, elles disposent d'une force à laquelle on peut même succomber. C'est pour cette raison que les traités de mémoire du XVe au XVIIe siècle transmettent de façon précise, parfois monotone, des conseils utiles pour enlever de la mémoire les images qui ne servent plus. Ces conseils se réfèrent à des pratiques si répandues qu'il y est fait allusion de manière très synthétique. Il est facile de voir à quel point la correspondance avec ce que fera Shereshevskij au XXe siècle est précise.

Un exemple intéressant de l'art de l'oubli nous vient de Giovan Battista Della Porta, célèbre pour ses œuvres de magie, de physiognomonie, d'optique et pour être un auteur de théâtre[9]. Dans l'*Arte del ricordare* (1566) il enseigne à placer dans les *loci* des images d'hommes et de femmes qui, comme dans un spectacle théâtral, s'animeront au fur et à mesure afin de nous aider à nous souvenir de ce dont nous avons besoin. Pour lui, la question de l'oubli est interne à l'art: il faudra oublier de manière sélective, c'est-à-dire en gardant les parties du système de mémoire qui pourront servir à l'avenir, pour

---

[9] Cf. *Giovan Battista Della Porta nell'Europa del suo tempo*, éd. M. Torrini, Napoli, Guida, 1990.

conserver d'autres souvenirs. « Le lieu – écrit-il – a dans cet exercice la même fonction qu'assume le papier à musique pour les compositeurs: les personnages sont les lignes, alors que les images sont les notes que l'on met dessus. Une fois que le compositeur s'en est servi, avec un crachat ou un chiffon humide il frotte et il les efface, il se sert ainsi du papier une autre fois. »[10] Dans la version latine de l'ouvrage (*Ars reminiscendi,* publié en 1602), le détail populaire du crachat disparaîtra et on parlera d'un effacement fait « lino madefacto » (avec du lin mouillé)[11]. La comparaison avec la partition musicale est donc intéressante : elle remplace la comparaison plus fréquente, celle avec l'écriture pour laquelle les lieux de mémoire sont comme les lignes et les images de mémoire comme les lettres de l'alphabet.

Une autre comparaison que Della Porta utilise peu après se réfère au contraire à l'expérience de la peinture et du théâtre. « Il faut imiter les peintres: lorsqu'un portrait ne leur plaît pas, ils recouvrent une nouvelle fois de plâtre la toile, la faisant ainsi devenir blanche et prête pour une nouvelle peinture. De la même manière, il faut que nous effacions avec une éponge les images déjà réalisées; avec les yeux de l'esprit nous voyons toutes les personnes nues, les bras ballants ou couvertes de draps blancs, imaginant que nous ne les avons jamais représentées et pensant qu'elles ne reviendront jamais plus. »[12]

La comparaison avec la peinture a une fonction importante dans le traité de Della Porta: l'auteur affirme, en effet, que l'imagination peint, sur la table de la mémoire, les images des choses qui lui sont

---

[10] G.B. Della Porta, *L'arte del ricordare,* dans *Ars reminiscendi,* éd. R. Sirri, Napoli, Edizioni Scientifiche Italiane,1996, cap. IX, p. 74: « Il luogo fa quello efetto in questo essercizio che fa la carta invernicata o pietra de' compositori de musica: le persone sono le righe che ivi sono, le imagini sono le note che vi si fanno di sopra, e servito che si è il compositore di quelle, fregandole con sputo o con un panno umido, le manda via, per servirsi della carta per l'altra volta. »

[11] G. B. Della Porta, *Ars reminiscendi,* cap. VII, p. 19.

[12] G.B. Della Porta, *L'arte del ricordare,* p. 74: « Il perché bisogna imitare i pittori, i quali, dispiacendo loro il ritratto, con ingessare di nuovo la tavola, la rendono bianca e preparata per la nuova pittura. A questo modo bisogna che noi, con una spogna intinta di rubrica, iscancelliamo tutte le imagini fatte e con gli occhi della mente vediamo tutte le persone ignude e con le braccia pendenti o raccolte in lenzuola bianche, e le andiamo discorrendo con la memoria tre o quattro volte, facendo pensiero, come se mai noi figurate l'avessimo e che mai più non vi ritornino. »

transmises à travers les sens. Se souvenir signifie contempler la peinture créée par l'imagination, cela signifie la restaurer, lui restituer forme et couleur quand elle s'est détériorée. En d'autres termes, nous trouvons chez Della Porta un canon que nous pourrions appeler canon de l'*ut pictura memoria.*

De même, la méthode qui est conseillée pour oublier les images des personnes est très intéressante : si pour nous aider à nous souvenir elles se sont animées, pour nous aider à oublier, elles doivent être ramenées à un degré zéro d'expressivité: elles doivent être dépouillées de leurs vêtements, elles doivent se tenir les bras ballants, de façon à ne faire aucun geste, ou bien elles doivent être idéalement effacées, recouvertes d'un drap blanc. Elles sont comme des marionnettes qui se sont animées pour mettre en scène un spectacle mais qui doivent redevenir inertes de façon à être prêtes à entrer de nouveau dans le théâtre de la mémoire.

Voyons à présent les méthodes préconisées pour oublier qui sont énoncées dans un traité du XVe siècle, le *Secretum de thesauro experimentorum imaginationis hominum* de Giovanni Fontana ; un curieux personnage, médecin, ingénieur expert en illusion optique et en mises en scène théâtrales. Dans le chapitre *De oblivione*, il déclare qu'il a l'habitude de couvrir mentalement d'une toile les images, ou bien qu'il imagine que le lieu où elles sont placées s'écroule ou qu'il prend feu. Il s'agit, dit-il, de méthodes plus rapides et plus efficaces que celle qui consiste à laisser s'estomper les images, évitant de les rappeler à la mémoire, ou bien qui les charge, de manière confuse, de choses impossibles à se rappeler[13].

Ce témoignage du XVe siècle montre ce qui allait devenir par la suite une constante: le rapport avec les images que l'on veut refouler se fait conflictuel; c'est une véritable bataille contre l'image qui s'engage justement parce que cette dernière est très puissante et très vive. Nous pouvons aussi essayer, écrit Fontana, de nous représenter

---

[13] G. Fontana, *Secretum de thesauro experimentorum ymaginationis hominum,* dans E. Battisti et G. Saccaro Battisti, *Le macchine cifrate di G. Fontana,* Milano, Arcadia, 1984, pp. 143-158.

les images comme si « elles nous apparaissaient endormies et mortes » :[14] il faut donc leur enlever, idéalement, toute vitalité.

Analysons à présent la méthode que nous trouvons dans le *Thesaurus artificiosae memoriae*, écrit par Cosma Rosselli, un dominicain florentin, et publié en 1579. Nous avons l'impression de nous trouver en face d'une scène d'iconoclasme: imaginez, écrit Rosselli, « qu'un homme entre dans votre maison, qu'il jette par terre toutes les images et qu'il les jette dehors ou qu'il les jette par la fenêtre »[15]. Nous pouvons dire que les maîtres de mémoire s'approprient à nouveau des techniques de leurs ennemis, les recyclant comme d'utiles ingrédients de leur petit théâtre mental. Il faut en effet rappeler que ces scènes iconoclastes, évoquées et utilisées dans les traités de mémoire de la fin du XVIe siècle, étaient de grande actualité. Contre le monde catholique, le monde protestant avait en effet formulé de nouveau la vieille accusation des iconoclastes, celle d'un culte idolâtre des images[16].

Le belge Lambert Schenkel conseille au moins huit méthodes d'*ars oblivionalis* ; il s'agissait d'un maître de mémoire qui était célèbre pour ses spectacles et qui était accusé de magie ; il a écrit un traité publié la première fois en 1595 sous le titre *De memoria liber*, ouvrage réédité sous le titre *Gazophylacium artis memoriae* et republié, en 1610, dans un recueil d'écrits mnémotechniques qui a eu beaucoup de succès. Les huit méthodes suggérées par Schenkel reprennent de façon précise les procédés conseillés autrefois par Fontana et se caractérisent par un *crescendo* de violence destructrice. Examinons les trois derniers :

> « Sixième procédé : que l'on fasse semblant, une fois que les portes et les fenêtres sont grandes ouvertes, qu'une tempête de vent très forte

---

14 G. Fontana, *Secretum de thesauro...*, p. 155.

15 C. Rosselli, *Thesaurus artificiosae memoriae*, Venezia, Antonio Padovano, 1579, c. 129v.

16 J. Phillis, *The Reformation of Images: Destruction of Art in England 1535-1660*, Berkeley, University of California Press, 1973 ; D. Freedberg, *Iconoclasm and Painting in the Revolt of the Netherlands, 1566-1609*, New York, Garland, 1988 ; M. Barasch, *Icon: Studies in the History of an Idea*, New York, New York University Press, 1992.

se lève et que toutes les images disparaissent comme si elles étaient en papier et à peine posées.

Septième procédé : une servante aura nettoyé avec un balai toutes les pièces et tous les lieux et, ne voyant pas les images, elles les aura jetées ou bien elle les aura enlevées parce qu'elles étaient trop précieuses, pour ne pas les couvrir de poussière.

Huitième procédé : imaginons qu'un homme en proie à la fureur, en compagnie d'une bande armée, ait occupé les champs, les maisons, les chambres et qu'il ait détruit quelques images, qu'il en ait touché beaucoup, que d'autres par peur se soient jetées par la fenêtre et qu'en entrant, on n'en trouve plus aucune »[17].

Au *crescendo* de violence et de minutie des techniques adoptées correspond, comme nous pouvons le voir, un *crescendo* d'animation des images: de tableaux, de feuilles légères, d'objets qu'elles étaient, ces images se transforment en personnes vivantes qui, face aux attaques des ennemis, sont condamnées à la fuite ou au suicide. La consistance et la vitalité que les images possèdent et qui rendent les techniques de leur refoulement si complexes et si violentes, dérivent d'ailleurs du soin avec lequel les images elles-mêmes ont été construites. En premier lieu intervient une visualisation attentive, mais les traités conseillent parfois d'impliquer aussi, ne serait-ce que mentalement, les autres sens afin de se familiariser avec les images, de leur donner naissance. Voyons par exemple les conseils que le franciscain Filippo Gesualdo donne dans son traité *Plutosofia*, à la fin du XVIe siècle : placez, dit-il, les images de plusieurs personnes dans les *loci*, puis « par l'esprit commencez à les contempler dans ces milieux, comme si elles étaient vraiment là et, en vous promenant, saluez-les,

[17] L. Schenkel, *Gazophylacium artis memoriae*, Strasbourg, Antonius Bertramus, 1610, p. 124 : « Sextus, apertis ianuis et fenestris omnibus, exorta vehementissima procella omnes [imagines] quasi chartaceae leviter affixae, remotae fingantur. Septimus: ancilla omnia cubicula et castra scopis purgaverit, atque invisibiles sibi imagines deposuerit, aut propter preciositatem e loco moverit, ne pulvere maculentur. Octavus, fingimus furore percitum hominem, comitatum armata corona, castra, domos, cubicula occupasse, alias imagines occidisse: multa percussisse, timore alias per ianuas fugisse, alias per fenestras se praecipitasse, ac intrantes nullas invenire. »

appelez-les par leur nom, bavardez avec elles, regardez-les et regardez-les encore, en face et de côté »[18].

Le long chapitre final du traité s'intitule *L'arte di scordarse.* Gesualdo reprend les techniques traditionnelles de l'art de l'oubli et en même temps il les commente et les change, y ajoutant des touches de couleur: par exemple, les toiles avec lesquelles on couvre les images deviennent « des voilages blancs ou des draps verts, ou des tissus noirs ». Ou bien il y ajoute des détails émotivement efficaces: les soldats ennemis qui provoquent la fuite ou la destruction des images deviennent par exemple des turcs ou des païens, « car la peur est telle qu'elle confond et renverse tout »[19].

Les techniques utilisées pour oublier que les traités nous transmettent sont donc révélatrices du statut particulier des images de la mémoire, de la consistance et du pouvoir qu'elles peuvent prendre. Quand on s'aventure sur les territoires de la mémoire, que l'on crée des images et que l'on évoque des émotions pour s'en servir, on ne peut pas toujours contrôler tout le processus; ce dernier peut devenir autonome, comme Aristote l'avait déjà pressenti dans *De la mémoire et de la réminiscence*: celui qui cherche à se souvenir ressemble à quelqu'un qui lance un dard et qui ne peut pas le retenir: «de même celui qui fait acte de réminiscence et qui fait une recherche met en branle quelque organe corporel, où réside l'affection» (2, 453 a, 20-25)[20].

Mais au XVIe siècle, les images de la mémoire ont une place complexe qui concerne à la fois le corps et l'esprit et met en jeu l'imagination et ses pouvoirs. A ce propos, ce qu'affirme Giulio Camillo dans son *Discorso in materia del suo teatro*, pour expliquer le premier principe qui est à la base de son théâtre de la mémoire est

---

[18] F. Gesualdo, *Plutosofia*, Padova, Paolo Megietti, 1592, c.23r : « cominciate colla mente a contemplarle in quei luoghi, come se davvero fossero lì, e passeggiando, salutatele, toccatele, chiamatele per nome, chiacchierate con loro, guardatele e riguardatele, di fronte e di lato ».

[19] F. Gesualdo, *Plutosofia*, c.64r : « poiché quello spavento confonde e manda ogni cosa sottosopra. »

[20] Aristote, *De la mémoire et de la réminiscence*, dans *Petits traités d'histoire naturelle*, ed. P. Mugnier, Paris, Les Belles Lettres, 1953.

très révélateur. « Il ne faut pas s'étonner si j'ai trouvé avec mon art, à l'intérieur des choses, un ordre aussi grand, étant donné que pour moi ce que dit Avicenne dans le 6e livre sur la nature revêt une grande importance; là où il souligne que dans notre âme il y a une certaine force qui est capable de modifier les choses et de les faire obéir à nos ordres lorsque précisément notre âme se tourne vers ces choses avec beaucoup de passion. Et, selon certains, c'est là l'origine des enchantements et des nécromancies »[21]. Camillo se réfère à une doctrine du *De anima* d'Avicenne c'est-à-dire à l'idée que l'imagination constitue l'intermédiaire par lequel l'âme peut agir directement sur les choses[22]. Avec cette conception, Camillo révèle la première condition qui a permis son théâtre de la mémoire. Construire le théâtre de la mémoire signifiera alors exalter toutes les potentialités de la *imaginatio* ; construire les images de la mémoire signifiera également recréer le monde, faire une œuvre alchimique où les différentes métamorphoses possibles prennent forme.

L'idée que les images ont un pouvoir extraordinaire en vertu duquel elles sont à la fois efficaces et dangereuses est d'ailleurs très répandue au XVIe siècle. Le cardinal Gabriele Paleotti, par exemple, dans son *Discorso intorno alle imagini sacre e profane* (1582) soutiendra que les images créées sur le vif « violent ou presque nos sens imprudents » à cause des forces de l'imagination[23].

---

[21] G. Camillo, *Discorso in materia del suo teatro,* dans *Opere,* Venezia, Domenico Farri, 1579, p. 11 : « Non c'è da meravigliarsi se con la mia arte ho trovato, dentro le cose, un ordine così grande, dato che per me ha grande importanza quel che dice Avicenna nel sesto libro sulla natura, là dove dice che nella nostra anima c'è una certa forza che è capace di modificare le cose e di farle obbedienti ai nostri comandi, quando la nostra anima si rivolge ad esse con grande affezione. E, secondo alcuni, è propria questa l'origine degli incantesimi e delle negromanzie. » Sur Camillo, cf. L. Bolzoni, *Il teatro della memoria. Studi su G. Camillo,* Padova, Liviana, 1984 et l'introduction à G. Camillo, *L'idea del theatro,* Palermo, Sellerio, 1991.

[22] Avicenna, *Liber de anima,* Louvain-Leiden, Editions Orientalistes-E.J. Brill, 1972, R 199, p .62 : « cum... imaginat anima aliquam imaginationem et corroboratur in ea, statim materia corporalis recipit formam habentem comparationem ad illam aut qualitatem. »

[23] G. Paleotti, *Discorso intorno alle imagini sacre e profane,* dans *Trattati d'arte del Cinquecento fra Manierismo e Controriforma,* éd. P. Barocchi, Bari, Laterza, 1961, II, p. 220 : « quasi violentano i nostri sensi incauti ».

Nous pouvons donc conclure que l'art de la mémoire durant la Renaissance a exploité, sous tous ses aspects, le pouvoir des images ; c'est justement pour cette raison que l'art de la mémoire a constaté que, si se souvenir est difficile, oublier peut l'être davantage.

L. BOLZONI

LA PHYSIOLOGIE DE LA MÉMOIRE, SELON LE MÉDECIN JEAN FERNEL

La pensée médicale de la Renaissance a une théorie relativement fixée de la mémoire, et, même si, d'un auteur à l'autre, celle-ci connaît des variations, le fond de la doctrine reste assez stable pour pouvoir être dégagé. Il est permis de dire que, dans l'ensemble, celui-ci est d'inspiration aristotélicienne, en ajoutant toutefois que le galénisme, l'arabisme (notamment Avicenne) et la scolastique (notamment Thomas d'Aquin) ont fortement médiatisé cette inspiration. On n'entreprendra pas de rapporter à leur origine chacune des pièces de cet édifice. En regrettant de devoir présenter des analyses qui pourront paraître à la fois ardues et complexes jusqu'à la subtilité, on voudrait plutôt, à partir de la synthèse commune qui en a résulté, examiner les variations, discrètes, mais, je crois, significatives, que Jean Fernel y a introduites[1] essentiellement dans sa *Physiologie*[2] (il est le premier à avoir donné à ce terme de *physiologie* le sens que nous continuons à lui attacher, avec des contenus assurément fort différents). C'est à Fernel, en effet, qu'on doit, à la Renaissance, la synthèse la plus élaborée de la physiologie de la mémoire. Or, ses œuvres vont devenir, pour les médecins, des sortes de manuels. Si c'est donc à une œuvre particulière que l'on s'arrête, celle-ci a eu une influence qui justifie ce choix.

Au point de départ, il faut rappeler qu'aux yeux de tous, si l'âme est unique, et si c'est d'une même âme que l'homme tient à la fois la

---

[1] La pensée de Fernel a fait l'objet du livre classique de Léon Figard, *Un médecin philosophe au XVIe siècle. Etude sur la psychologie de Jean Fernel*, Paris, 1903 (reprint Slatkine, 1970). Sur les questions qui m'occupent, je m'écarte considérablement de ses analyses.

[2] Je cite la *Physiologia* de Fernel d'après l'éd. de son *Universa medicina* publiée à Paris chez A. Wechel en 1567 et d'après la traduction de Charles de Saint-Germain, Paris, Jean Guignard, 1655. Sur quelques points, je modifie parfois cette traduction.

raison, le sens, le mouvement et la vie, cette âme a des puissances distinctes, qui sont hiérarchisées selon le degré d'universalité de leurs objets. Au plus bas degré, est l'âme végétative, dont disposent également les plantes et les animaux : son objet est de vivifier le corps auquel elle est unie, la vie impliquant nutrition, accroissement et reproduction. Au second degré, l'âme a la puissance de percevoir les corps sensibles par le corps auquel elle est unie : telle est l'âme sensitive, dont disposent également les animaux. (J'omets ici la faculté locomotrice, qui n'importe pas pour mon propos.) Enfin, au dernier et plus haut degré, l'âme humaine (c'est son privilège) a pour objet l'être pris dans son universalité : c'est l'âme intellective.

L'âme sensitive est celle par laquelle l'animal perçoit les corps sensibles et gère ses perceptions. (J'emploie par commodité ces termes anachroniques de *percevoir* et de *perception*, là où Fernel parle de connaissance, mais on ne cherchera pas à distinguer *sensation* et *perception*, cette distinction étant étrangère à la pensée de Fernel, comme à toute celle de son temps.) L'animal perçoit les corps sensibles au moyen des sens dits extérieurs, la vue, l'ouïe, l'odorat, le goût et le toucher. Les objets extérieurs meuvent les sens, qui en recueillent les images, que Fernel appelle (indifféremment, semble-t-il) *species*, *imagines*, *spectra*, *simulacra*, *effigies*. (On en verra d'autres noms encore.) Cela étant, si nous pouvons nous représenter les objets extérieurs, c'est que l'âme sensitive dispose d'une faculté capable de combiner les images distinctes des objets que recueillent les sens : « La vision seule, écrit Fernel (traduit par Charles de Saint-Germain), peut discerner le noir d'avec le blanc, et la seule faculté du tact le chaud d'avec le froid : mais celle qui distingue le doux d'avec le blanc, et qui juge les différences des choses qui sont sujettes à plusieurs sens, il faut nécessairement qu'elle soit une certaine faculté qui soit plus excellente que les autres facultés » (*Physiologia*, V, 8, p. 96; trad. p. 429). Cette faculté est le sens commun, ou sens interne, ou sens intime, ou premier sens, ou sens principal (*princeps sensus*).

Outre cette faculté, l'âme sensitive dispose d'une autre faculté interne, que Fernel appelle conservatrice, et à laquelle (on va y revenir) il ne donne pas tout de suite le nom de mémoire : cette faculté, écrit-il, est celle « qui reçoit, qui retient et qui conserve les impressions et les images des sens (*impressiones et vestigia sensuum*), [...] les espèces et les images des choses envoyées par les sens (*formas atque imagines rerum quae sensus praebuerunt*), lesquelles étant passées et ôtées, leurs espèces et leurs images subsistent plus longtemps et demeurent comme étant gravées et taillées, ce qui se voit en ce que ce sens connaît et sent encore ces choses ôtées et soustraites, comme celui auquel en a été donnée la garde » (*Physiologia*, V, 8, p.96; trad. p. 431). On voit avec quel soin Fernel évite de nommer cette faculté, que pourtant l'idée de garde (*custodia*), traditionnelle (c'est la vieille idée du trésor de la mémoire), permet de reconnaître sans hésitation. Il préfère traiter toute de suite de la fantaisie (*phantasia*), en partant de cette considération que les images ainsi conservées sont la matière de cette faculté, qu'il nomme encore *effictio* ou *facultas fingendi*, et qui permet au sujet de concevoir des objets qui ne tombent pas sous les sens, des hommes volants ou des bœufs ailés. Il dit bien que cette faculté « obiecta spectra apprehendit et concipit » (p. 97), mais toute son analyse met l'accent sur son aptitude à combiner librement ces images pour concevoir des objets non perçus. On commence à en voir la raison quand il précise : « étant portée sur plusieurs choses qui n'ont point été reconnues par les sens (*numquam sensu percepta*), elle imite en quelque sorte la faculté raisonnable appelée par Aristote d'une large et ample dénomination intelligence » ; telle est du moins la traduction de Charles de Saint-Germain (p. 432) ; le latin dit plus exactement que cette faculté « est comprise par Aristote sous l'ample dénomination d'intelligence » (« quum [...] quodammodo vim imitetur rationalem, ab Aristotele intelligentiae larga appellatione comprehenditur »). J'ai eu peut-être tort d'user des mots de perception et de percevoir, car, on le voit, les images des choses que recueillent et transmettent les sens sont le premier temps d'une véritable activité de connaissance. Mais on a vu aussi qu'elle paraît déprécier la mémoire, réduite au rôle de fournisseur de la fantaisie.

Toutefois l'analyse de Fernel n'est pas finie. C'est par la mémoire, cette fois nommée, qu'il la poursuit. Immédiatement après avoir cité Aristote, il écrit : « Quelquefois[3] les espèces et les images des choses,

[3] Saint-Germain obscurcit la suite des idées en écrivant : « car quelquefois », là où le latin dit : « Iam vero ». Mais, dans ce développement, il semble parfois gêné par le propos de Fernel, où peut-être il ne retrouve pas exactement ce que j'appelle la vulgate.

étant légèrement gravées et imprimées dans le cerveau, s'évanouissent et disparaissent incontinent, ou, étant plus profondément enfoncées et cachées comme dedans des lieux de réserve ou des Trésors, elles demeurent et subsistent longtemps comme des passions ou des habitudes (*affectiones aut habitus*) ; et cette conservation des images dont j'ai parlé, c'est la mémoire qui se voit être faible et débile dedans les petits enfants nouveau-nés et dedans les vieillards[4] ; en ceux-là d'autant qu'ils ne peuvent retenir et garder les images et espèces des choses, et dans les autres parce qu'ils ne les peuvent admettre et recevoir ; cette faculté est confirmée et soutenue par la méditation et la longue réflexion et considération, qui est une fréquente répétition et retour des images, en tant que les images sont émanées d'autres (*quatenus imagines aliorum sunt*) » (*Physiologia*, V, 8, p. 97; trad. p. 432). Cette double remarque est fort intéressante. Conformément à la vulgate, Fernel signale la faiblesse de la mémoire des petits enfants et des vieillards, mais sans plus : il ne s'attarde pas ici à en donner l'explication physiologique courante, qu'il approuve certainement, mais qui ne lui paraît sans doute pas digne d'être ici mentionnée, où pourtant on l'attendrait. On sait que les petits enfants abondent en humidité, de sorte que, si les images s'impriment facilement en eux, elles ne tardent pas à s'évanouir, et que les vieillards, eux, sont notablement secs, de sorte que les images ont beaucoup de peine à s'imprimer dans leur cerveau et n'y laissent que de faibles traces . Or, quand Fernel traite des images des choses, il désigne leur inscription dans le cerveau par des termes qui relèvent de la gravure (*exsculpo*) ou de l'impression d'un cachet dans une cire (*imprimere*), ce qui prouve qu'il adhère à cette thèse classique, que La Primaudaye résumera en ces termes : « Puisque la mémoire est comme le livre de registre ou la chancellerie de tous les autres sens, il faut que les images de toutes les autres choses qui lui sont apportées et commises par iceux, soient imprimées en icelle, comme l'image et signe d'un anneau et d'un cachet est imprimé et gravé en la cire qui en est cachetée »[5]. C'est

[4] Saint-Germain écrit ici bizarrement « les sens », là où le latin porte : « senibus », et non « sensibus ». Je corrige.

[5] Pierre de la Primaudaye, *Suite de l'Académie française, en laquelle il est traité de l'homme*, Jacques Chouet, 1603, p. 96 b.

cette comparaison qui fait couramment désigner la mémoire comme un greffe, ainsi que le souligne Ambroise Paré : « À bon droit elle a été des anciens accomparée au greffe, auquel (comme après un procès débattu) ce qui est décrété est enregistré »[6].

Sur le fond de la pensée de Fernel, il n'y a donc guère de doute. Mais l'important est qu'il ne fasse qu'allusion à cette thèse, par ses métaphores. L'essentiel, à ses yeux, n'est pas là, mais dans la seconde partie de son analyse, qui insiste sur le travail qui permet à la mémoire de fixer les images, sur cette « meditatio et cogitatio, quae ipsa crebra est repetitio atque recursio imaginum ». Il ajoute même : « quatenus imagines sunt aliorum », ce que Saint-Germain traduit, un peu obscurément, par ces termes : « en tant que les images sont émanées d'autres ». Il semble qu'il faille comprendre que ces images qu'un travail cherche à fixer sont, non pas les simples espèces des choses telles que les livrent les sens extérieurs, mais ces images composées par et dans le sens intérieur et retenues par la fantaisie. Il y a peut-être là une trace des analyses du *De anima* par Thomas d'Aquin, qui confronte l'imagination et la mémoire ; selon lui, pour citer E. Gilson qui l'expose parfaitement, « dans l'imagination, le mouvement va des choses à l'âme ; ce sont les objets qui impriment leurs espèces dans le sens propre, puis dans le sens commun, pour que la fantaisie les conserve. Dans la mémoire, le mouvement part de l'âme pour se terminer aux espèces qu'elle évoque »[7]. Dès lors, un travail intérieur à l'âme (dont il faudra préciser la nature) est possible, qui cherche à fixer ces images, en tant qu'images représentatives des objets extérieurs désormais absents. S'il faut une certaine disposition corporelle, si la possibilité de fixer spontanément les souvenirs dépend de la complexion du sujet, elle ne suffit pas ; il faut encore un travail qui mette en œuvre cette disposition et, le cas échéant, en corrige les insuffisances, par la « repetitio atque recursio imaginum », qui est un travail sur les images elles-mêmes.

Au demeurant, l'analyse de la mémoire par Fernel ne s'arrête pas à ce point. Il ajoute tout de suite : « Il y a une autre sorte de mémoire,

---

[6] Paré, *De la génération*, XI (*O.C.*, éd. Malgaigne, t.II, p. 660).

[7] E. Gilson, *Le thomisme. Introd. à la philosophie de saint Thomas d'Aquin*, Paris, Vrin, 1972, p. 262.

savoir quand on regarde et considère l'affection et la ressemblance d'une autre chose, avec la connaissance du temps passé auquel a été faite l'impression d'icelle, car pour lors il est dit se ressouvenir (*meminisse*), et cette action de regard et de réflexion est la mémoire (*ipsaque spectandi actio memoria est*), mais, comme j'ai dit, d'une autre sorte et manière, savoir d'autant que celle-là conserve l'image, et cette autre par l'appréhension de l'image et de l'espèce représente la chose (*rem ipsam repraesentet*), celle-là est une certaine affection et passion, et cette autre une action ; ou pour mieux dire cette mémoire est patiente et souffrante (*patiens et sustinens*), et cette autre est agente » (*Physiologia*, V, 8, p. 97 ; trad. p. 433). Proposition doublement intéressante. D'abord, en distinguant une mémoire patiente et une mémoire agente, Fernel étend à la mémoire la distinction classique de l'intellect patient (ou passif) et de l'intellect actif ; le premier est une puissance de l'âme sensitive et ne recueille que des connaissances particulières ; le second, l'intellect actif, est proprement l'intelligence et, ayant la capacité d'appréhender l'universel, appartient à l'âme intellective. Or, Fernel qui certes admet cette distinction (il en traite au chapitre intitulé « Des facultés de l'intelligence », dans sa *Physiologie*, V, 11[8]), la transporte, en outre, dans la mémoire, qui pourtant est une puissance de l'âme sensitive. D'autre part, et c'est la deuxième remarque qu'appelle sa proposition, il précise que la mémoire dite agente ou active proprement « *représente* la chose », en ceci qu'elle « regarde et considère l'affection et la ressemblance d'une autre chose, avec la connaissance du temps passé auquel a été faite l'impression d'icelle ». Cette formule signifie clairement certes, comme l'écrit justement Léon Figard, que l'âme sensitive « ne connaît pas, à vrai dire, le temps en lui-même, mais la série de ses propres impressions »[9], ainsi, du reste, que Fernel le précise : « elle ne connaît pas proprement et de soi le temps, mais [...] elle connaît la motion et l'effection qu'elle a reçue en quelque temps » (*Physiologia*, V, 8, p. 97 ; trad. p. 434). Il n'empêche que, par cette mémoire active, la chose est re-présentée, comme à la fois présente et douée du caractère

[8] Tout ce chapitre, si notre sujet le permettait, mériterait une analyse.
[9] Léon Figard, ouvr. cité, p. 249.

du passé. Or, ce type de mémoire, Fernel n'hésite pas à le reconnaître à certains animaux, puisqu'il ajoute : « On peut reconnaître qu'entre les bêtes brutes, celles-là ont de la mémoire (*meminisse*), qui ont le sentiment et la connaissance du temps (*sensum et notitiam temporis*), et qui, ayant considéré leur image, peuvent sentir qu'elles ont autrefois connu la chose » (*Physiologia*, V, 8, p. 97; trad. p. 433). Retenons cette précision, car plus tard Fernel semblera la négliger, ou en tout cas en restreindre le sens. Pour l'instant, il suffira de relever cette définition de la mémoire que donne ici Fernel : elle est, écrit-il, « la représentation de la chose absente par le regard ou la considération de son image, avec la connaissance du temps passé (*Memoria est rei absentis per imaginis spectationem, cum temporis praeteriti cognitione repraesentatio*) » (*Physiologia*, V, 8, p. 97; trad. p. 434).

Avant de clore l'analyse de ce chapitre, une dernière précision : Thomas d'Aquin reconnaît à l'homme la capacité de distinguer l'utile et le nuisible grâce à son intellect passif, terme du reste contesté par Thomas, qui préfère parler de raison particulière ou de cogitative ; les animaux, étant dépourvus de raison, ne peuvent comparer leurs impressions particulières et raisonner à leur occasion, mais ils savent pourtant distinguer ce qui leur est bon et ce qui leur est mauvais ; il faut donc leur accorder une nouvelle puissance, l'estimative, qui leur fait immédiatement reconnaître ce qui leur est bon ou mauvais. De toutes ces remarques, pourtant habituelles et appartenant à ce que j'ai appelé la vulgate, nulle trace chez Fernel dans ce chapitre. Certes, ne traitant que de l'homme, il n'y est pas tenu. Mais, parlant de l'homme, il ne lui accorde pas non plus une cogitative[10], tandis que la trace de l'intellect patient dont traite Thomas subsiste aussi, chez Fernel, dans la distinction des deux mémoires, l'une patiente et l'autre agente, de la même manière qu'il indique qu'on peut fixer les souvenirs enregistrés par la mémoire grâce à ce qu'il appelle notamment *cogitatio*, et qui, on l'a vu, consiste en « une fréquente répétition et retour des images ». C'est dire, me semble-t-il, l'importance que prend la mémoire dans sa réflexion.

---

[10] Léon Figard, *ibid.*, p. 243, signale le fait, sans plus.

Cette conclusion est confirmée par les remarques sur la *cogitatio* qu'il introduit quand il en vient à traiter des « fonctions du sens interne » (*Physiologia*, VI, 11) ; il y mentionne à nouveau la *cogitatio*, mais en la rapportant au sens commun : celui-ci, explique-t-il, connaît les objets sensibles, et cette connaissance se fixe par la « cogitatio aut meditatio ». Seulement cette connaissance est, non une puissance de l'âme sensitive, mais une fonction du sens commun (*Physiologia*, VI, 11, p. 138; trad., p. 612). De plus, cette faculté de connaître distingue les choses séparément (*seorsum illa discernit*), ou, si elle est assemble, c'est sans ordre (*aut temere congesta, nulla copulatione, nulla complexione in aceruum confert*). Fernel continue : « Ce qui fait que cette action, par laquelle la poule reconnaît ses poussins, puis les discerne et les distingue, ou que la brebis appréhende le loup son ennemi, doit être plutôt estimée une séparation, qu'un jugement ou un raisonnement (*secretio potius censeri debeat, quam iudicium aut existimatio*) » (*Physiologia*, VI, 11, p. 139; trad., p. 612). Or, ces exemples (surtout le second[11]) sont ceux qui sont classiquement utilisés pour illustrer la puissance dite estimative. Ainsi, comme pour la mémoire, il y a, en ce qui regarde l'âme sensitive, une étroite proximité de l'homme et des animaux (ou, au moins, de certains animaux, même si Fernel ne dit pas lesquels). Seule l'aptitude à la *cogitatio* semble les distinguer.

De fait, Fernel dit en passant que cette *cogitatio* est incorporelle, « expers corporis ». Cette précision donne à penser que, si l'âme sensitive et l'âme intellective restent évidemment distinctes, elles ne sont pas tout à fait séparées. Les opérations de l'âme sensitive chez l'homme peuvent être marquées par les aptitudes de l'âme intellective. Il y revient encore, dans ce même chapitre sur les fonctions du sens interne, quand il décrit la fonction de la faculté conservatrice et signale que la conservation des images transmises par les sens « est une certaine mémoire, qu'une fréquente méditation establira et fortifiera » (*Physiologia*, VI, 11, p. 139; trad., p. 613).

---

[11] Voir, p. ex., Thomas d'Aquin, *Somme théol.*, I, 78, 4, concl. : « Sicut ouis videns lupum venientem... »

Dans ce même chapitre, il réintroduit sa distinction des deux mémoires : « Quand il arrivera, écrit-il, que le premier sens [i.e. le sens commun] considérera ces images, ainsi délaissées et conservées, de sorte qu'il ne les contemple pas seulement de soi, et que d'icelles il n'en forme pas de nouvelles images, mais, s'étant servi d'icelles par l'aide et l'assistance de la faculté de la mémoire, il se remette les choses externes (*in res externas se referat*), dont en ont été produites ces images, et que conjointement il reconnaisse les avoir autrefois connues, pour lors il se ressouviendra (*meminerit*) de ces choses, et son action sera la mémoire même, non pas à la vérité celle qui est dite patiente, mais entièrement celle qui est dite agente » (*Physiologia*, VI, 11, p. 139; trad., p. 615)). Les manchettes nomment ces deux mémoires, l'une *conservans*, l'autre *efficiens*. N'oublions pas toutefois que cette mémoire active, *efficiens*, Fernel la reconnaît aussi à certains animaux. Seule, semble-t-il, à ce point de l'analyse, la *cogitatio* distingue l'homme et l'animal. Pour fortifier et amplifier cette distinction, il faut attendre l'analyse de l'âme intellective.

De fait, Fernel revient à la considération de la mémoire quand il traite, dans un autre chapitre (*Physiologia*, VI, 14) des « fonctions de l'esprit » (*De mentis functionibus*). Certes l'âme intellective, qui est propre à l'homme, le distingue radicalement de l'animal. A première vue donc, il ne devrait pas y être question de la mémoire. Et pourtant ce va être le cas.

On ne s'attardera pas à décrire le travail d'abstraction qui est l'œuvre propre de l'esprit, et notamment l'analyse que conduit Fernel de l'intellect agent et de l'intellect patient (ou passif), ainsi que de l'intelligence contemplative (ou spéculative) et de l'intelligence pratique. Au terme, Fernel déclare avoir décrit toutes les fonctions de l'âme intellective ou esprit (*mens*). Puis il se reprend : « Que dis-je toutes ? Quoy ! ne se ressouvient-elle point et n'a-t-elle point de mémoire ? » (*Physiologia*, VI, 14, p. 145; trad., p. 641). Et il répond tout de suite : « Meminit illa quidem », « Certes elle se ressouvient. »

C'est, avant même d'en faire la preuve, prendre parti entre Avicenne et Thomas d'Aquin. Alors qu'Avicenne estimait que, l'intellect actif étant une puissance totalement immatérielle, rien ne peut subsister en lui dès qu'il cesse de l'appréhender actuellement, Thomas d'Aquin pose que l'intellect peut conserver en lui les espèces intelligibles : on ne peut lui dénier un pouvoir qu'on reconnaît à l'âme sensitive, capable non seulement de retenir les formes quand elle les reçoit, mais de les conserver longtemps après les avoir reçues. Fernel s'attache, pour sa part, à préciser de quelle manière fonctionne la mémoire intellectuelle.

Certes les notions universelles ne sont appréhendées que par l'esprit et ne subsistent en lui que dans la mesure où il est tendu vers elles (*in sola mentis contentione*). Quand l'esprit est en repos, seules se conservent les images particulières. Ainsi « l'esprit et l'intelligence se ressouvient de cette sorte : quand les notions des genres [qui sont de l'ordre de l'universel], s'étant aucunes fois perdues, s'évanouissent, les images des choses particulières et singulières, desquelles elles avaient été tirées et conçues, incitent et meuvent derechef l'intelligence, desquelles elle produit des notions des genres semblables à celles d'autrefois (*similes atque olim generum notiones*)[12]. Et quand elles viennent dans l'esprit, si nous considérons le temps passé, l'esprit reconnaît pareillement qu'il les a premièrement tenues et connues, et cela est certainement la mémoire de l'intelligence (*intelligentiae memoria*)[13]» (*Physiologia*, VI, 14, p. 145; trad., p. 642). On voit la conséquence de cette thèse, que Fernel tire à la suite : « c'est pourquoi l'esprit ou l'intelligence ne se souvient pas de soi (*per se*) et premièrement, mais par le moyen et l'assistance du premier sens [le sens commun]. » Si le sens commun est lésé, s'il ne met pas en mouvement l'esprit par les images des choses particulières, l'esprit, privé de cette matière, ne peut accéder aux notions. Mais, si, des choses particulières, le sens commun retient au moins une petite partie et « si cette petite partie, comme étant une certaine origine et une certaine source, peut tant soit peu mouvoir et exciter, elle passera incontinent, par une certaine suite et continuation, en une chose prochaine et semblable, et

[12] Saint-Germain traduit confusément : « elle produit en un autre temps des semblables notions des genres ».

[13] Notons toutefois qu'à proprement parler, l'expression de « mémoire de l'intelligence » ne désigne pas une puissance de l'esprit ; ce n'en est qu'une faculté. Fernel l'a précisé en écrivant : « Les facultés de la mémoire et de la ressouvenance (*memoriae et recordationis facultates*) ne sont point mises premièrement et de soi dedans l'intelligence, mais dedans le sens commun, et seulement par son intervention elles peuvent appartenir à l'intelligence » (*Physiologia*, V, 11, p. 103-104; trad., p. 461-462).

à l'instant en une troisième chose, puis en après en une autre, jusqu'à ce qu'enfin, par une admirable suite et continuation des choses, elle prenne sa première connaisssance » (*Physiologia*, VI, 14, p. 146; trad., p. 643). En somme, l'esprit, parce qu'il a vocation à l'universel, reconstitue de proche en proche le souvenir et la « notion » de la chose. Bien que Fernel ne le dise pas explicitement, tel semble bien être l'effet de la *cogitatio*, qui à la fois fixe les images dans l'âme sensitive et permet la recréation des souvenirs mal fixés.

Telle est la façon dont « l'esprit se ressouvient, et son action est la ressouvenance et le rappel de la mémoire perdue (*recordatio, collapsae memoriae reuocatio*) ». Le moment est venu, pour Fernel, de reprendre la comparaison de l'homme et de l'animal. Il continue en ces termes : « Partant donc elle [cette action] est propre et convenable à l'homme seul, et non point aux bêtes brutes, d'autant qu'elle n'est point faite ni accomplie que par la liaison et la connexité des choses et que par une certaine ratiocination ; et proprement aussi les bêtes brutes n'ont point de mémoire, d'autant qu'elles n'ont aucune connaissance du temps passé et futur, sans laquelle nous ne nous pouvons pas ressouvenir ; car elles reconnaissent bien en effet les biens et les maux qu'elles ont souvent ressentis, mais comme s'ils étaient présents[14], sans aucune observation du temps passé, car les mouches et les fourmis, qui pensent et qui avisent à recueillir et à resserrer des aliments pour l'hiver, ne considèrent pas le temps futur et à venir, mais c'est une certaine seule opération inconsidérée et nullement préméditée de la nature » (*Physiologia*, VI, 14, p. 146; trad., p. 643-644). Ces lignes demandent quelque commentaire : Fernel avait explicitement admis que certains animaux ont « le sentiment et la connaissance du temps » ; mais c'était au moment où il examinait la mémoire de l'âme sensitive chez l'homme ; de ce point de vue, il pouvait rapprocher l'homme et l'animal, en ce sens que l'âme sensitive ne connaît pas le temps en lui-même, mais seulement la série des impressions qu'elle a reçues : c'est cela le sentiment et la connaissance du temps dont disposent certains animaux ; en revanche, s'il s'opère en l'homme un travail de comparaison de ces impressions et de raisonnement à partir

[14] Saint-Germain traduit inexactement : « mais comme si elles étaient présentes ».

d'elles, c'est l'œuvre de l'âme intellectuelle, s'emparant de ces données ; l'animal, lui, n'y accède pas ; on pourrait en douter en voyant la brebis fuir devant le loup, ce qui pousserait à supposer (ce que Fernel a déjà explicitement rejeté) qu'elle dispose au moins d'une puissance estimative, qui lui permet de comparer diverses impressions et d'en tirer des conclusions, ce qui implique une mémoire ; aussi est-ce à la considération du temps futur que s'arrête ici Fernel : aucun travail comparable n'est concevable pour le temps futur puisqu'il est impossible de ressentir des impressions de choses qui ne sont pas encore, et il faut donc attribuer le souci des abeilles et des fourmis de faire des provisions à une simple impulsion de leur nature, à ce que nous appellerions un pur instinct. Par conséquent, si la vraie mémoire, la mémoire au sens plein du terme, n'est que celle de l'âme intellective, il faut dire que les bêtes brutes n'ont pas de mémoire. Quand on examinait l'âme sensitive, on avait pu tirer deux conclusions : d'une part, Fernel rapprochait étroitement l'homme et l'animal ; d'autre part, il accordait une grande importance à la mémoire. Il faut maintenant réviser ces conclusions : un fossé infranchissable sépare l'homme et l'animal ; mais ce fossé même conduit à accroître encore, dans la pensée de Fernel, l'importance de la mémoire, jusqu'à la refuser à l'animal pour l'accorder entièrement à l'homme, capable, grâce à sa mémoire intellectuelle, de réparer les défaillances de sa mémoire sensitive et de reconstituer les notions des choses.

La conception du rôle du temps qu'impliquent ces analyses est remarquable. La mémoire qui a pour caractéristique l'appréhension du passé avec son caractère propre de passé est le fait de l'âme sensitive. Pour accéder aux notions, qui sont de l'ordre de l'universel, il faut abstraire les objets de toutes les conditions particulières et donc les détacher du temps. Ce travail, que seul l'esprit est capable d'accomplir, il ne peut le mener à bien sans les images que lui soumet l'âme sensitive ; c'est d'elles qu'il tire les notions[15]. Mais il ne les conserve pas ; il ne peut que les reconstituer chaque fois qu'il en a besoin, en les tirant des données de l'âme sensitive. En revanche, il peut, en

---

[15] C'est pourquoi Fernel cite une seconde fois le mot d'Aristote, qui « appelle par une ample et large dénomination le sens commun intelligence » (*Physiologia*, VI, 14, p. 146; trad., p. 644).

retour, agir sur l'âme sensitive pour l'aider à retrouver la suite de ses souvenirs, et, de plus, les ordonner, par « la liaison et la connexité des choses » et « une certaine ratiocination », qui sont ses apanages. En somme, il substitue un ordre rationnel à une simple succession temporelle. C'est cela la mémoire intellective, qui suppose à la fois une vraie connaissance du temps et l'aptitude à abstraire les notions, c'est-à-dire à dépouiller les choses des conditions temporelles qui les singularisent. Les animaux, qui n'ont ni l'un ni l'autre, en sont totalement dépourvus.

Fernel achève ce chapitre par une intéressante conclusion. Qu'en sera-t-il de cette mémoire après notre mort ? Puisque le sens commun, qui ressortit à l'âme sensitive, meurt avec le corps, que donc nous ne pourrons plus abstraire les notions, lesquelles ont besoin, comme de leur matière, des impressions recueillies par l'âme sensitive, nous serons aussi sans mémoire intellective. Mais cette mémoire est indispensable à notre intellect tant que notre intellect est uni à notre corps. Après la mort, notre âme intellective « ne sera rien autre chose qu'un pur acte, ayant cela de sa simple nature que pour lors elle se connaîtra et toutes les autres choses, et qu'elle sera connue de soi-même » (*Physiologia*, VI, 14, p. 146; trad., p. 645). Ainsi, pourrait-on conclure, la mémoire intellective est à la fois le signe de notre éminente dignité et celui de notre condition mortelle.

Voilà une doctrine cohérente, mais complexe. On a dit que les œuvres de Fernel devinrent des ouvrages de référence. Il serait intéressant d'étudier l'accueil fait à cette théorie de la mémoire. Un premier et important témoin pourrait être le commentaire du médecin Jean Riolan. Avec Fernel et contre Galien, Riolan s'attache à distinguer la fantaisie et la mémoire jusqu'à dire que la fantaisie contient les *sensibilia*, alors que la mémoire conserve les *intelligibilia*. Mais, lui aussi, fait de la mémoire une puissance de l'âme sensitive. Il entend donc sans doute que les *intelligibilia* n'y sont pas contenus actuellement. Au reste, un peu plus loin, définissant la mémoire, il précise qu'elle est en puissance le « thesaurus notionum », mais en acte la ressouvenance des choses passées (*rememoratio praeteritorum*)[16]. C'est sur ce fondement physiologique, précise-t-il en passant, que se construit l'art notoire. En revanche, il est moins affirmatif en ce qui regarde le problème de la localisation des facultés, alors que Fernel, sans se prononcer définitivement, multiplie les analyses qui invitent à penser qu'il n'y a pas de localisations distinctes pour les puissances de l'âme sensitive, le sens commun, la fantaisie et la mémoire, cela au nom de l'unité de l'âme, idée à laquelle il est entièrement attaché. Cela encore concourt à promouvoir la mémoire, partie intégrante de l'âme.

Jean CÉARD
Université de Paris X-Nanterre

[16] J. Riolan, *Praelectiones in libros Physiologicos*, Paris, Adrien Périer, 1609, p. 127-128.

FORGET ABOUT *HENRY THE FIFTH*?[1]

This paper on memory and oblivion addresses what, on the face of it, may seem two separate issues. In the first part, I will discuss the notion of memory in the setting of the early modern period in England. In particular, I shall discuss the fortunes of St. George and the various ways in which England's patron saint, relegated to oblivion by the Reformation, came to enjoy a new cult of commemoration in the secular and patriotic literature of the period, which included Shakespeare's English history plays, and *Henry V* in particular.

In the second part of my paper, I will discuss the phenomenon of memory as it concerns English Renaissance drama and the ways in which this has been re-enacting cultural values of an early modern stamp over the centuries. In particular, I am thinking here of Shakespeare's *Henry V* and the chivalric code of St. George propagated by this secular play on behalf of a Protestant nation.

In the second part of my paper, I shall first look at the mnemonic strategies inherent in Shakespeare's *Henry V*, and after that proceed to trace the ways in which, over the centuries, the memory of the play and its definition of the militant nation have persisted, while ideas of war, peace, and nationhood have slowly begun to change. The historical changes since the early nineteenth century have made both hero-worship and expansionist nationalism matters for serious scrutiny. As a consequence, the canonical status of the play which may have served as a conduit for these political urges, certainly in Britain, has been questioned. It has even been suggested that Shakespeare and *Henry V* ought, therefore, perhaps, to be relegated beyond the

[1] Several people have greatly helped my work for this essay. I am grateful to Paul Franssen, Jan Frans van Dijkhuizen, and Kristine Steenbergh for their support during the research stage. I have also profited from Richard Wilson's comments at the SIRIR session in Paris.

immediate margins of our cultural memory, beyond the teaching canon.[2]

My starting point in this paper is the English Reformation and Edward the Sixth's well-known attempt with the Act of 1552, to curtail the indiscriminate worship of the saints in the Tudor church calendar. Under the Act, the feast of St. George ceased to be an approved public holiday. Only the Knights of the Garter were granted special permission to observe St. George's day as the feast of their order.[3] Given the calendrical system of saints' days, it is not likely that the national memory of the saint faded, but the visual representation and the dramatic re-enactment of his alleged deeds were severely affected, certainly during Elizabeth's reign. As Ronnie Mulryne has illustrated, the Reformation at Stratford was marked by the whitewashing, under the authority of Shakespeare's father, of the image of St. George in the Chapel of the Guild of the Holy Cross.[4] Along similar lines, the annual procession of St. George in York was suspended altogether. And in those places where it was not, it would be considerably altered in appearance. David Cressy reminds us of the curious case at Norwich where «[t]he pageant figures of St. George and his companion the Lady Margaret were eliminated in 1559 whereas, but 'for pastime' the mayor allowed 'the dragon to come in and show himself as in other years'» (21). And François Laroque recounts how, in civic pageants, even the dragon was replaced by «various more or

---

[2] Thomas Healy, «Remembering with Advantages: Nation and Ideology in *Henry V*,» in *Shakespeare in the New Europe*, edited by Michael Hattaway, Boika Sokolova, and Derek Roper (Sheffield: Sheffield Academic Press, 1994), 174-93.

[3] For a concise description of the various changes, see David Cressy, *Bonfires and Bells: National Memory and the Protestant Calendar in Elizabethan and Stuart England* (London: Weidenfeld and Nicolson, 1989), 4-7.

[4] J.R. Mulryne, «The Devil and St. George: Re-Interpretations of a Legend,» in *Diables et diableries au temps de la Renaissance*, edited by M. T. Jones-Davies, SIRIR, 13 (Paris: Jean Touzot, 1988), 191-215. Eamon Duffy, however, strongly challenges the effect of such iconoclasm in *The Stripping of the Altars: Traditional Religion in England, c.1400-c.1580* (New Haven: Yale University Press, 1992).

less fabulous animals (unicorns, elephants and dromedaries) as well as giants and other "wild men."»[5]

More radical than these striking examples of the tenacity of certain types of cultural re-enactment, was the alternative that Robert Dudley, Earl of Leicester, invented for St. George's day in 1586. At that time, Leicester was on his famous progress through the Low Countries, which he had been commissioned to support in their revolt against Spain. In order to celebrate St. George's Day with the local authorities in Utrecht, it was difficult for Leicester to bring on St. George himself. Had not the Earl come, as John Strype put it, to defend «the subjects of another prince from being forced to commit idolatry»?[6] The saint was, therefore, conveniently replaced by a near Classical alternative, as the actors in the Earl's entourage presented *The Forces of Hercules*.[7] As Mulryne has illustrated, the Catholic heritage of St. George continued to be a delicate matter in Anglo-Dutch relations. Among other things, this appears from the official apology attached to King James the First's invitation to the Dutch Prince Maurice of 1613, to join the Order of the Garter, the institution with which St. George had rather close ties, also under Queen Elizabeth (Mulryne, 201-11). Clearly, as St. George was to explain in Clifford Mills's 1912 novel entitled *Where the Rainbow Ends*:

> «Sometimes,» he said confidentially, «I think it's that word "saint" that's done it, it doesn't give a chap a chance. I just tried to do my duty like any other ordinary fellow and they go and stick a halo on me and a halo

[5] François Laroque, *Shakespeare's Festive World: Elizabethan Seasonal Entertainment and the Professional Stage* (Cambridge: Cambridge University Press, 1991), 56.

[6] From John Strype, *The Life and Acts of John Whitgift, D.D.* Quoted in Lily B. Campbell, *Shakespeare's «Histories»: Mirrors of Elizabethan Policy* (1947. Rpt. London: Methuen, 1964), 268.

[7] E. K. Chambers, *The Elizabethan Stage*, 4 vols. (Oxford: Clarendon Press, 1923), II, 272. See also R. C. Strong and J. A. van Dorsten, *Leicester's Triumph* (London: Oxford University Press, 1964). See also Ton Hoenselaars, «23 April 1586. Engelse toneelspelers voeren in Utrecht *De werken van Hercules* op: Beroepsacteurs en rederijkers,» in *Een theatergeschiedenis der Nederlanden: Tien eeuwen drama en theater in Nederland en Vlaanderen*, edited by R. L. Erenstein *et al.* (Amsterdam: Amsterdam University Press, 1996), 142-47.

> is such a misty unsoldierly decoration. Yes, I feel sure,» he said wistfully, «it's the halo that's done it for me.»[8]

Of course, St. George's explanation, in 1912, of his apparently poor popularity rating, is an ambivalent phenomenon. It certainly alerts us to some significant changes in a cultural tradition, but it also signals a high degree of continuity, and the ultimate persistence of the legend of St. George from the Reformation onwards.

As, during the late sixteenth century, the re-enactment of St. George in popular cultural memory was fixed in the tavern sign, the city and the court appropriated the saint for Protestant purposes, though always with a marked degree of circumspection and vigilance. Within the context of her complex settlement policy, Elizabeth continued the Garter ceremony, for which special permission had been granted from the outset.[9] The cultivation of St. George by Elizabeth I cannot be dissociated from Spenser's *Faerie Queene*, whose first book discreetly redefines St. George as the self-taught knight rather than a God-sent saint. It effectively distinguishes between the fallible though virtuous hero and the false image of him impersonated by Archimago, representing Rome. It exalts the newly Protestant knight who is capable of defending Britain against the denominational and political threats of Catholicism.

In their own way, Shakespeare's history plays, with *Henry V* as the culminating piece in the 1590s, constitute yet another St. George ritual. I am aware that it might be heavy-handed to argue that the history plays represent Shakespeare's contribution to the Elizabethan court cult of chivalry. I am equally aware that it might sound too frivolous to allege that «Shakespeare's warrior kings cry regularly on St. George in battle,» and that, as G. Wilson Knight indeed did during World War II, one could argue that «Shakespeare's life-work might be characterized as expanding through a series of great plays to the one central

[8] Clifford Mills, *Where the Rainbow Ends* (1912. Rpt. London: Hodder and Stoughton, 1941), 72.

[9] See Frances Yates, *Astraea: The Imperial Theme in the Sixteenth Century* (1975. Rpt. Harmondsworth: Penguin Books, 1977).

legend of St. George and the Dragon.»[10] Yet, it cannot be denied that St. George features rather prominently as the patron saint invoked in the English history plays, and that the English king in the pivotal play, *Henry V*, himself increasingly enjoyed the status of a knight of St. George, as in Jonson's *Prince Henries Barriers* and other pro-war material of the Stuart period.[11]

There are, no doubt, different ways to approach the issue of Henry the Fifth as a knight of St. George, the issue of the king whose Agincourt victory may be read as an embodiment or representation of the saint's supportive presence. In the Shakespearean imagination, there would seem to be a continual «other» to keep the image of St. George, and also of Henry the Fifth himself, in position. If Henry the Fifth is listed as one of the Garter models, Falstaff, as in his famous honour speech, would seem precisely to flaunt the precepts of the Garter Knights. His cowardly (near) namesake Falstolf in the first part of *Henry VI* even has the Garter torn from his leg by Talbot Senior before finding himself banished by King Henry VI, in words that echo those of Henry the Fifth to the undisputed Falstaff:

> Stain to thy countrymen, thou hear'st thy doom!
> Be packing, therefore, thou that wast a knight;
> Henceforth we banish thee on pain of death.[12]

Finally, Falstaff would also seem to represent a distinct counter-image to the Garter Knights also in *The Merry Wives of Windsor*. On the occasion of a new chivalric investiture at Windsor, Falstaff is only present on the periphery, in love. And rather than realize his dream of a double amorous conquest, he is instead made to accept disgrace for dishonorably tempting the married wives.

---

[10] G. Wilson Knight, «St. George and the Dragon,» in his *Shakespeare and Religion: Essays of Forty Years* (New York: Simon and Schuster, 1967), 91-111 (resp. 106 and 93).

[11] See also Robin Headlam Wells, *Shakespeare and Masculinity* (Cambridge: Cambridge University Press, 2000), 31-60.

[12] *The First Part of King Henry VI*, edited by Michael Hattaway (Cambridge: Cambridge University Press, 1990), 4.1.15 and 4.1.45-47 respectively.

In several ways, then, Shakespeare's *Henry V* effects the metamorphosis of the saint into a secular monarch, and, perhaps also effects the transformation of the endangered Guild holy day commemorating St. George into a re-enactment ritual of the mirror of all Christian kings.[13] I am aware that by calling *Henry V* a new form of ritual re-enactment, I am broaching a vast and complex debate along the lines of Mark Rose who argues that «Shakespeare's historical drama becomes a ceremony of sacrifice and transcendence» that could be termed «a kind of political Mass.»[14] Rose here speaks about *Julius Caesar*, but it is not difficult to see how a reading of this kind might also enhance our appreciation of *Henry V*, the Catholic practices of the monarch, the position of St. George, as well as that of the other saints. Such a discussion would also involve the martyred Oldcastle / Falstaff, not only in *Henry V*, but also in the anonymous first part of *Sir John Oldcastle*, and in *The Famous Victories of Henry V* which seems to have provided Shakespeare with Henry's battle cry to St. George, which is conspicuous by its absence from the chronicles of both Hall and Holinshed: «for England cry, 'Saint George!' and God and Saint George help us! Strike, drummer.»[15]

As I noted earlier, this is not the place to elaborate on such intriguing possibilities. Rather, I wish to begin the second part of my paper by exploring why *The Famous Victories* is now forgotten, and *Henry V* so well remembered, even too well according to some. Despite the anonymous play's reference to «fame» in the title, the play itself presents no in-depth analysis of the phenomenon of memory. On

---

[13] I am not arguing that Shakespeare's representation of St. George is unproblematic. The saint addressed at the battle of Agincourt as well as his part in the victory seem undoubted. The saint, however, proves to be sadly lacking when he is expected, together with St. Denis, to produce a boy who will go to Constantinople and take the Turk by the beard. Curiously, this is one of the few references to St. George in Shakespeare about which G. Wilson Knight in his wartime eulogy apparently preferred to remain silent.

[14] Mark Rose, «Conjuring Caesar: Ceremony, History, and Authority in 1599,» in *True Rites and Maimed Rites: Ritual and Anti-Ritual in Shakespeare and His Age*, edited by Linda Woodbridge and Edward Berry (Urbana and Chicago: University of Illinois Press, 1992), 256-69 (pp. 264-65).

[15] *The Oldcastle Controversy: «Sir John Oldcastle, Part 1» and «The Famous Victories of Henry V,»* edited by Peter Corbin and Douglas Sedge, The Revels Plays Companion Library (Manchester: Manchester University Press, 1991), *Famous Victories*, xiv.52-53.

this point, the now almost forgotten play is the diametrical opposite to Shakespeare's *Henry V*. Shakespeare's play adopts the ideas tendered by *The Famous Victories*, but it also proceeds, in a highly self-conscious fashion, to codify its own system of remembrance in a manner equaled only, perhaps, by the Sonnets. This may well explain the ease with which *Henry V* was to weave itself into a tradition of national, British commemoration.

This codification begins with the Chorus of history. Unlike *The Famous Victories of Henry V*, Shakespeare's *Henry V* is structured around the Chorus of history that explicitly announces the framed play as an act of commemoration, «jumping o'er times.»[16] This self-conscious attitude continues into the play. Here, the central drive of the medieval history presented, is the remembrance and the re-enactment of the past. This past is brought to the king's attention by the Archbishop of Canterbury:

> Look back into your mighty ancestors:
> Go, my dread lord to your great-grandsire's tomb,
> From whom you claim: invoke his warlike spirit,
> And your great-uncle's, Edward the Black Prince,
> Who on the French ground play'd a tragedy. (1.2.102-06)

This call for remembrance is then phrased even more sharply by the Bishop of Ely:

> Awake remembrance of these valiant dead,
> And with your puissant arm renew their feats. (1.2.115-16)

Shakespeare's play shows a king drawing on the past in an endeavour to revive and emulate this past, to gain immortal memory in the future. Henry himself, too, defines the re-enactment of his ancestors' deeds within the terms of the Renaissance cult of fame:

---

[16] *Henry V*, edited by Gary Taylor, The Oxford Shakespeare (Oxford: Oxford University Press, 1984), Prologue, line 29.

Or there we'll sit,
Ruling in large and ample empery
O'er France and all her almost kingly dukedoms,
Or lay these bones in an unworthy urn,
Tombless, with no remembrance over them:
Either our history shall with full mouth
Speak freely of our acts, or else our grave,
Like Turkish mute, shall have a tongueless mouth,
Not worshipp'd with a waxen epitaph. (1.2.225-33)

As the chorus of history presents a monarch made to emulate his memories of the national past, the play amply draws on various related sites of memory. These include the genealogies. The Archbishop of Canterbury discourses of the Salic Law, and also the Duke of Exeter, on his embassy to France, emphasizes its qualities as a testimonial:

That you may know
'Tis no sinister nor no awkward claim,
Picked from the worm-holes of long-vanished days,
Nor from the dust of old oblivion raked,
He sends you this most memorable line,
In every branch truly demonstrative (2.4.84-89)

Further, the play contains sufficient lectures on recent English history. Henry tells the court that they «shall read that [his] great-grandfather...» (1.2.146). Alternatively, Charles VI believes that «fear may teach [the French]» with «late examples» of history (2.4.12), including the «too-much-memorable shame» of the defeat at Crécy (2.4.53). But there are also the «Roman disciplines» of Fluellen (3.3.16-17). History is memorized by way of anecdotes and sayings («But there's a saying very old and true: 'If that you will France win, / Then with Scotland first begin,'» 1.2.166-68). And there is, of course, the church calendar with its saints to recall: St. Denis, St. David, St. George, and St. Crispian.

That *Henry V*, as a play, is self-conscious about the production of history as a matter of learning, of remembering, and, most importantly, of duplicating remembered events for future remembrance, is never illustrated more clearly than in the Crispian's Day speech, with its gradual shift from «this day» via the notion of «old age» and the passing of the years, to Doomsday:

> This day is call'd the feast of Crispian.
> He that outlives this day, and comes safe home,
> Will stand a tip-toe when this day is nam'd,
> And rouse him at the name of Crispian.
> He that shall live this day, and see old age,
> Will yearly on the vigil feast his neighbours,
> And say 'To-morrow is Saint Crispian.'
> Then will he strip his sleeve and show his scars,
> And say 'These wounds I had on Crispian's day.'
> Old men forget; yet all shall be forgot,
> But he'll remember, with advantages,
> What feats he did that day. Then shall our names,
> Familiar in his mouth as household words
> Harry the King, Bedford and Exeter,
> Warwick and Talbot, Salisbury and Gloucester
> Be in their flowing cups freshly rememb'red.
> This story shall the good man teach his son;
> And Crispin Crispian shall ne'er go by,
> From this day to the ending of the world,
> But we in it shall be remembered. (4.3.40-59)

Memory also involves Falstaff, and immediately after his death, the recollections accumulate: «they say he cried out of sack» (2.1.25), «A said once ...» (2.1.32), and «Do you not remember, a saw a flea stick upon Bardolph's nose» (2.1.36-37). I shall return to Falstaff below. In the present context, however, it is interesting to note that the character of Falstaff invites one of the profoundest statements about memory in the play. It does so during the famous scene between Fluellen and Gower, where the former draws a number of doubtful analogies between King Henry the Fifth and Alexander the Great. In an attempt to force the historical memory of Alexander and Cleitus onto Henry, Falstaff re-enters the discourse:

> Fluellen: Henry of Monmouth, being in his right wits and good judgements, turned away the fat knight with his great-belly doublet: he

was full of jests, and gipes, and knaveries, and mocks: I have forgot his name.

Gower: Sir John Falstaff.

Fluellen: That is he. I'll tell you, there is good men porn at Monmouth.

Gower: Here comes his majesty. (4.7.42-49)

On the one hand, this dialogue stages Fluellen's extravagant praise of Henry, as well as his potential for misinterpretation, when the responsibility for Falstaff's death is interpreted as a virtue. On the other hand, the dialogue stages the eulogistic Fluellen's curious amnesia. Interestingly, as Fluellen fashions the history of Henry the Fifth as a site of memory for the patriotic Welsh, his mind exercises a curious economy of memory which recalls the examples provided by Benedict Anderson, in the final chapter of his *Imagined Communities*. Here, in his chapter entitled «Memory and Forgetting,» Anderson quotes Ernest Renan and his proposal to relegate to French national oblivion an event like the Saint Bartholomew Massacre, since the civil strife inherent in the massacre might undermine the desired national sense of «brotherhood.»[17]

Henry V is a self-consciously hagiographic exercise, both in the events dramatized and in the presentation of these events through the chorus of history. The principle it conveys is not of honouring great deeds, but the memory of these deeds, as well as their rehearsal, or re-enactment. This sense is pervasive in *Henry V*, and it seems appropriate that this very play, which seems primarily to constitute English historical identity as a political model for imitation or rehearsal in the male arena, should simultaneously represent an equivalent of this practice in the private, domestic, female arena.[18] In its own key, Princess Catherine's language lesson conveys the same notion of learning («Il faut que j'apprenne à parler,» (3.4.4-5), of forgetting and

---

[17] Benedict Anderson, *Imagined Communities: Reflections on the Origin and Spread of Nationalism*, revised edition (London and New York: Verso, 1991), 197-201.

[18] See also Jean E. Howard and Phyllis Rackin, *Engendering a Nation: A Feminist Account of Shakespeare's English Histories* (London and New York: Routledge, 1997).

remembering («Ma foi, j'oublie les doigts, mais je me souviendrai,» (3.4.8-9), and above all of practice by repetition: «Je m'en fais la répétition» (3.4.22), «je réciterai à vous promptement» (3.4.38), and «je réciterai une autre fois ma leçon ensemble» (3.4.51-52). Clearly, unlike *The Famous Victories*, *Henry V* as a play is heavily armed against oblivion. It even teaches the merits of learning through repetition, and informs the audience about the merits of politics through the imitation of history. Reading or staging the play, as such, is our own mode of repetition, of imitation, of re-enactment. The play speaks to us across the centuries, because for it to exist it seductively includes us, recipients, actors, readers, audiences in its memory of the future from the outset.

In the rest of this paper, I shall look at a number of later manifestations of *Henry V*, from the early nineteenth-century to the present day. Since both stage and screen versions of *Henry V* have been thoroughly studied, I shall concentrate on the way in which the play has become part of the collective cultural memory. In my survey, I am interested in showing how Shakespeare's *Henry V*, as an alternative cultural carrier of the values of St. George, generated a British national cult of chivalry in its own right. The impact of the play on children and their education features prominently in this survey, which, for reasons of space, concentrates on the afterlife of the eponymous hero and his Agincourt victory. This is not to say, however, that at some stage the legend of St. George, or the role of Sir John Falstaff, may not also rear their heads simultaneously in popular cultural memory.

As a matter of fact, some of this already happens in my first examples of the play's afterlife in the nineteenth century. During the first half of the age of nationalism and hero-worship, it was Thomas Carlyle who tied together a number of relevant strands involving *Henry V*, thus securing its popularity in a way that few if any critics seem to have fully recognized. In his 1840 essay on «The Hero as Poet,» Carlyle noted:

> August Wilhelm Schlegel has a remark on [Shakespeare's historical] plays, *Henry the Fifth* and the others, which is worth remembering. He calls them a kind of National Epic. Marlboro, you recollect, said, he

> knew no English History but what he had learned from Shakespeare. There are really, if we look to it, few as memorable Histories.[19]

Carlyle continued with the following allegation:

> That battle of Agincourt strikes me as one of the most perfect things, in its sort, we anywhere have of Shakespeare's. [...] There is a noble Patriotism in it. (366)

Carlyle may well have recalled the fact that *Henry V* was Nelson's favourite play, and that the admiral quoted the Agincourt speech at the Battle of the Nile in 1799.[20] For our present purposes, though, it would also seem useful to recall that Carlyle's lasting canonisation of Shakespeare as the «Hero-Poet,» wielding the pen and/as sword on behalf of the national epic, occurred ten years after King George IV decided to celebrate his annual name day on 23 April, thus conflating the monarchy that had triumphed over the French armies of Napoleon at Waterloo, St. George's Day, Shakespeare's alleged birthday, and the day of his decease in Stratford.[21] In Carlyle's own terms, though, the claim to Shakespeare's status as a «hero» as well as a «poet» was certainly also based on the Romantic assumption that the playwright depicting Henry the Fifth so well must have been much like the militant monarch: «A true English heart breathes, calm and strong, through the whole business [of Agincourt],» says Carlyle, »not boisterous, protrusive; all the better for that. There is a sound in it like the ring of steel. This man too had a right stroke in him, had it come to that!» (366-67).

---

[19] Thomas Carlyle, «The Hero as Poet,» in *Shakespeare Criticism: A Selection, 1623-1840*, edited by D. Nichol Smith (1923. Rpt. London: Oxford University Press, 1973), 366.

[20] Mark Girouard, *The Return to Camelot: Chivalry and the English Gentleman* (New Haven and London: Yale University Press, 1981), 41. Jonathan Bate describes the impact of Shakespeare's history plays, and of *Henry V* in particular, on Sir Walter Scott's historical novels, in *The Genius of Shakespeare* (London: Picador, 1997).

[21] On the early-nineteenth-century conflation of Shakespeare and St. George, including a retro-active tendency to illustrate the David Garrick material with images of St. George, see Péter Dávidházi, *The Romantic Cult of Shakespeare: Literary Reception in Anthropological Perspective* (Houndmills: Macmillan, 1998); see also Girouard, 27.

There were other, less learned transformations of Henry the Fifth into popular culture. Other Victorian manifestations of Henry the Fifth occur in the life and works of Charles Dickens. There is, of course, his *Child's History of England.* Here, Dickens discusses the battle between the English and the French in detail, confident of the lasting prestige of the events that he commemorates for his juvenile readership:

> Then King Henry called to him the French herald, and asked to whom the victory belonged.
>
> The herald replied, «To the King of England.»
>
> «*We* have not made this havoc and slaughter,» said the King. «It is the wrath of Heaven on the sins of France. What is the name of that castle yonder?»
>
> The herald answered him, «My lord, it is the castle of Azincourt.»
>
> Said the King, «From henceforth this battle shall be known to posterity, by the name of the battle of Azincourt.»
>
> Our English historians have made it Agincourt; but under that name, it will ever be famous in the English annals.[22]

As Valerie Gager points out in her impressive, though somewhat neglected study of the dynamics of influence between Shakespeare and Dickens, the works of the Victorian novelist are filled to the brim with references to Shakespeare's war play. Perhaps the clearest example is *Household Words* (1850-59), one of Dickens' literary magazines, «Designed for the instruction and entertainment of all classes of readers.» Of course, the title of the journal *Household Words* is an exact echo of Henry the Fifth's words (4.3.52) spoken on the eve of the battle of Agincourt, prophesying a long future – «From this day to the ending of the world» (4.3.58) – in which the names of those present at the battle of Agincourt would be remembered. Interestingly, Dickens was not as disinterested a Shakespeare reader as Carlyle, because he clearly had his own private fantasies of acquiring something akin to Henry's living memory with *Household Words.* On the

[22] Charles Dickens, *A Child's History of England* (London: Chapman & Hall, n.d.), 142. The victor's change of the name of «Azincourt» into «Agincourt,» is really tantamount to the rebaptizing of the original place-name. This linguistic conquest is at the heart of Shakespeare's history play on the subject.

basis of the «Preliminary Word» to the journal, Valerie Gager arrives at the conclusion that:

> Assuming the «great responsibility» of a popular leader «of a multitude moved by one sympathy,» he [= Dickens] echoes the sentiment of King Harry's Saint Crispin's day speech in the hope *«that his name may be remembered in his race in time to come.»*[23]

The Victorians and Edwardians did not only preserve and honour the memory of Henry the Fifth's miraculous victory as a land battle. The battle named by Henry the Fifth was also invoked to inspire naval encounters, as the launch in 1862 of the steam-powered battleship HMS Agincourt suggests. Interestingly, this Victorian battleship outlived its successor in the navy of the British Empire by many years. Yet, her later namesake has a rather more colourful history, illustrating the living memory of Henry's achievement not only on the stage or in the classroom, but also in politics, the production line of history.

The 200-metre dreadnought with a displacement of over 30,000 tons, now known as the second *HMS Agincourt*, was originally built for the government of Brasil under the name of *Rio de Janeiro*. But when it became clear in the early 1910s, that the Brazilians were unable to pay for the costly ship, it was agreed instead to sell her to Turkey. This was done on 28 December 1913, and the ship was renamed as *Sultan Osman I*. As the date of delivery in July 1914 drew near, however, the perceived threat of war and the safe hypothesis that Turkey would side with Germany, led the British government, in the person of First Lord of the Admiralty Winston Churchill, to prohibit the transfer of the vessel to her new owner. Work on the ship was deliberately delayed, and on 1 August 1914, when the Turkish crew was already on board the nearly completed *Sultan Osman I*, a company of the Sherwood Foresters with fixed bayonets boarded the new dreadnought and escorted all the Turkish Naval personnel off the ship, which was subsequently confiscated by the English. Does it come as a surprise, following this international incident of military appropria-

---

[23] Valerie L. Gager, *Shakespeare and Dickens: The Dynamics of Influence* (Cambridge: Cambridge University Press, 1996), 147.

tion, that the British should rename the battleship *HMS Agincourt*?[24] For the English, thus, the Great War really began with an Agincourt victory. Few, it seems, will have remarked that Winston Churchill had outdone Henry the Fifth: after all, in addition to achieving his Agincourt victory, he had also successfully taken the Turk by the beard.

The symbolic nature of the appropriation of HMS Agincourt would not have been lost on «The Children of the Empire» to whom Clifford Mills' extremely popular fairy story entitled *Where the Rainbow Ends* (1912) was dedicated. In one scene, the two pivotal children in the novel – Rosamund and Cris (short for Crispian) – meet St. George, and they argue with the saint that his presence at Agincourt, on the name day of Crispian's patron saint, was rather inconspicuous:

> Crispian: «Agincourt! But were you there, sir? they never mentioned it.»
>
> St. George smiled good-naturedly. «No,» he said, «you see it was my chum Crispian's day and one must play the game. But I was there right enough – a patron saint could hardly miss a chance like that.» (69)

And to prove his point, St. George continues to relate with considerable pleasure («it was so long since he had told the story to a child of his own race,» 69) how he had been with King Henry the Fifth in his tent when the latter summoned him, and how he had accompanied the king as «his unseen aide-de-camp» to inspire the dispirited soldiers on Henry's behalf (69-70).

It seems almost natural that *Henry V* – with *Richard II* the most popular play in Edwardian schools[25] – should feature so prominently in the accounts of the Great War. As Paul Fussell and Mark Girouard have illustrated, Henry the Fifth was indeed a popular hero in the trenches.[26] Fussell speaks of W. L. P. Dunn who during the deadly

[24] HMS Agincourt joined the Grand Fleet in August 1914, and was to open British fire at the Battle of Jutland on 31 May 1916.

[25] *Henry V*, edited by Andrew Gurr, New Cambridge Shakespeare (Cambridge: Cambridge University Press, 1992), 46.

[26] Paul Fussell, *The Great War and Modern Memory* (Oxford: Oxford University Press, 1975), and Girouard, 275-93.

advance on the first day of the Somme kept himself sane by repeating the phrase from *Henry V* «For England» (199), and Girouard mentions the moving case of Edward Tennant who, two days before his death, wrote home: «Today's a great day. That line of Harry's rings through my mind» (287). It was also during the Great War for Civilization that Henry Newbolt, on the topic of fellowship in the army, suggested that Henry the Fifth, with his war experience in France, would have approved of current practice. In the final chapter to *The Book of the Happy Warrior*, entitled «Chivalry of to-day,» Newbolt argued that Henry the Fifth would have approved the popular saying in 1915, to the effect that «There are only two classes now – those who have been in the trenches, and those who have not.»[27] Finally, despite its eponymous reference to *Hamlet*, Frederic Manning's war novel *Her Privates We* (1930) is really indebted most to Shakespeare's Agincourt play.

Just as the memories of the Great War were steeped in theatre imagery, and were crystallized with reference to *Henry V*, there were also tendencies, during the 1930s, to arouse pupils' renewed interest in Shakespeare by updating the play, or parts of it. A case in point is *The Immortal Memory: A New Approach to the Teaching of Shakespeare*, a school play published in that fateful year 1936, and written by Howard Hayden, then Head Master of Eckington County School in Derbyshire. In a rather early initiative to make the move back from the page to the stage, Hayden believed that playing Shakespeare would «drive home the lessons of each scene and at the same time provide variety and matter for criticism.»[28] *The Immortal Memory* is a rambling chronicle of Shakespeare's life and times, which includes the author as character, and is structured around a number of scenes from the plays. It was designed, the preface says, for «pupils between the ages of fourteen and sixteen» to play themselves. This spin-off play, aimed, it is worth realizing, at roughly the first generation of children following the Armistice of the Great War, introduces as scene xi a

---

[27] Henry Newbolt, *The Book of the Happy Warrior* (London: Longmans, Green and Co., 1917), 276-77.

[28] Howard Hayden, *The Immortal Memory: A New Approach to the Teaching of Shakespeare* (London: J. M. Dent and Sons, 1936), 2.

sequence of Henry the Fifth's disguise visit to Bates, Court and Williams on the eve of Agincourt. Interestingly, this scene in *The Immortal Memory* is followed by a comparable arrangement presenting a disguised Colonel visiting Alf, 'Erb and Joe in the trenches of the Great War. Introduced by military tunes played out at the Aldershot Command Tattoo, Kitchener's volunteers in Hayden's play quarrel with the disguised Colonel over Shakespeare's famous guilt question, here wondering who will ultimately be held responsible for the war dead at Mons, and laying a wager to make sure that the colonel will go over the top the following morning in a renewed attack on the «Allemands.» The «immortal memory» of the school play's title refers to Shakespeare, and the argument closely follows *Henry V*, but the choice of scene, as well as the date of the scene – «Somewhere in Flanders. 1915» – keeps alive the historical memory of Agincourt itself, exactly 500 years before.[29] The memory of Agincourt follows in the wake of the memory of Shakespeare.

It was Howard Hayden's target audience of fourteen to sixteen-year-olds who would have been addressed by G. Wilson Knight when he used *Henry V* for British propaganda purposes during the Second World War. Interestingly, as he elaborated on the perennial theme of the astounding odds at Agincourt, G. Wilson Knight claimed chief canonical status for Shakespeare's *Henry V* in the long history of human warfare. Commenting on the Saint Crispin's day speech, Wilson Knight says that:

> Many other fights in which material weakness has prevailed against heavy odds have been more important to the world's history than Agincourt; many cases of heroism are more gripping to the imagination – Spartans at Thermopylae, Drake's seamen against the Armada; but none were ever so nobly honoured in verse, and indeed all find here their consummate expression.[30]

---

[29] John Keegan discusses Agincourt, Waterloo, and The Somme along a similar line of reasoning. See *The Face of Battle* (1976. Rpt. New York: Dorset Press, 1986).

[30] G. Wilson Knight, «This Sceptred Isle,» in *The Sovereign Flower, on Shakespeare the Poet of Royalism together with Related Essays and Indexes to Earlier Volumes* (London: Methuen & Co., 1958), 11-91 (p. 44).

Just as the English at Agincourt were in the minority, so the Battle of Agincourt may have been a small-scale event in the course of world history. Yet, just as the English won the victory over the French, so its literary expression by Shakespeare, too, puts all greater battles in the shade. This is the type of Carlyle-based bardolatry with which Knight then – in his essay on «St. George and the Dragon» – advances Shakespeare as the «Messiah [...] a national prophet, if ever there was one» (91).

It seems like an understatement to argue that *Henry the Fifth* has acquired a problematic status. As James Loehlin puts it at the outset of his fine history of the play on the stage and in the cinema:

> Innovations in theatrical theory and techniques, changing attitudes to war and politics, and new ideas about Shakespeare's histories have all served to *complicate* the play and make an "official" heroic version increasingly untenable. (1)

This was true as early as 1944 when the Olivier film appeared in the cinema. It created a diplomatic row between France and England, and as an English eye-witness reports, French members in the audience would leave in the middle of the film:

> The Battle of Agincourt was the finest part of a good film; which was not, however, considered to be good by some members of the audience when I saw it. I remember the occasion. I was doing my national service in Newcastle upon Tyne at the end of the war. A party of Free French sailors sat a couple of rows in front of me – there must have been eight or ten of them. They were the ones who walked out (whether before or after Agincourt I can't recall).[31]

The play was not just problematic during the war when it proved capable of dividing even the allies. The play may still bring out the worst in contemporary English audiences, in peace time. This became clear during the 1997 production of *Henry V*, mounted to inaugurate

---

[31] D. K. C. Todd, *Shakespeare's Agincourt* (Durham, UK: The New Century Press, 1985), 7.

the new Globe Theatre in London (itself a piece of modern memorabilia). The production was marked, as Ros King has put it with shame and anger, by «a readiness to accept and indeed encourage rabidly anti-French play-acting in the audience as if it were both genuine and morally unproblematic.»[32] Gisèle Venet has commented on the stage production as follows:

> Trop souvent l'histoire scénique d'*Henry V* recoupe en effet des moments d'un patriotisme insulaire quelque peu agressif malgré le «fair play» légendaire. On l'a retrouvé certains soirs de juin 1997 où le brouhaha qui suivait les propos les plus méprisants tenus en scène sur l'arrogance et l'impréparation des Français rejoignait un militantisme anti-européen presque palpable dans l'air mouillé. La critique anglaise, capable de recul, s'en alarme et le regrette. *Le choix de la pièce pour l'ouverture du nouveau Globe ne s'était-elle pas voulue exclusivement commémorative de celle de 1599?*[33]

Given such continuing excesses in terms of appropriation and response, Loehlin arrives at the conclusion that *Henry V* is «a play full of problems and possibilities [but also] a play worthy of continued reinvention» (169).

It is likely that, with this vision, Loehlin may count on considerable backing from the academic and theatrical communities. It agrees with the assumption, rather widely held, that stage performance or critical practice is a means of re-interpreting any given text. Whatever is morally questionable or unacceptable about the text may be presented and contained within a broader critical context. Much of the academic community is likely to accept Loehlin's view, also when, with reference to the conflict in the former Yugoslavia, he notes that «Our attitudes toward conflict, leadership and politics will no doubt need to

[32] Ros King, «Staging the Globe,» in *The Shakespeare International Yearbook: 1*, edited by W. R. Elton and John M. Mucciolo (Aldershot: Ashgate, 1999), 121-41 (p. 133).

[33] *La Vie du roi Henry V*, translated by Jean-Michel Déprats, introduced and annotated by Gisèle Venet (Paris: Éditions Gallimard, 1999), 397-98 (italics added). See also Paul Franssen, «The Wrong Globe: Zooming in on Shakespeare's Theatre,» *Folio* 7:1 (2000), 26-32.

be re-examined many times in the coming decades, and Shakespeare's *Henry V* is one of the tools we will use» (169).

It cannot be denied that *Henry V* may indeed serve as a fine «tool» to probe serious issues, both on stage, on the screen, and in the other media. There are sufficient examples of a humanist re-assessment of the play's horrors. Cases in point are stage productions like Peter Zadek's Bremen production of 1964, the so-called Falklands production by the English Shakespeare Company (1986), and the more recent Avignon production (1999). And in this context it seems appropriate also to draw attention to Jacques Darras's Agincourt poems included in his verse collection *William Shakespeare sur la falaise de Douvres.* Darras devotes three poems to the Battle of Agincourt, namely «Henry Plantagenet pieds nus,» «Les lilas blancs d'Azincourt,» and «Plaidoyer pour une double couronne linguistique.» Darras's unique experience as a Frenchman from the troubled north and as a distinguished English scholar give his poetry about *Henry V* an immediacy and a sense of ambivalence that many more serious appropriations of the play have sorely lacked.[34]

Loehlin's stance, however, which most of us might be likely to subscribe to, would not seem radical enough for Thomas Healy. In a seminal paper devoted to *Henry V*, and to which I am greatly indebted, Healy proposes moving one step further than Loehlin:

> While Shakespeare allows us to re-examine our differing pasts in important ways, a sense can also develop of the inescapability of these pasts and the ideological structures the plays articulate, no matter how adapted for new productions. Is Shakespeare the ally we seem to want to make him? Perhaps the time has come, not to dispense with Shakespeare, but to disestablish him, whether as the voice of order or of dissidence? (193)

In his radical attempt to «disestablish» *Henry V* — or, to use the words of Fortinbras at the end of *Hamlet* — in his radical attempt to question

---

[34] Jacques Darras, *William Shakespeare sur la falaise de Douvres. Poèmes* (Brussels: Le Cri & Jacques Darras, 1995).

this military and patriotic play's «rights of memory» to rule, Healy has found little or no response.[35]

The nearest thing to a response seems Harold Bloom's *Shakespeare and the Invention of the Human*. Bloom positions himself somewhere between Loehlin and Healy. On the one hand, Bloom criticizes Henry the Fifth by inviting a comparison between the king and John F. Kennedy, on the grounds of either's popular appeal and their militarism. Here, Fluellen's misnomer of «Alexander the Pig» for his king encourages Bloom, among other things, to extend the comparison to the Bay of Pigs incident, the paramilitary action in the spring of 1961, when JFK and the CIA planned to invade Cuba and bring down the Castro government:

> power keeps its habit through the ages. Our nation's Henry V (some might say) was John Fitzgerald Kennedy, who gave us the Bay of Pigs and the enhancement of our Vietnam adventure.[36]

Bloom's criticism of the militant and expansionist leader in a modern framework here makes *Henry V* – in Loehlin's sense – a «tool» for analysis of contemporary political conflict. But this reading of the play is complemented by a defence of Falstaff that seems to nod in the direction of Healy. As Bloom says, whose self-identification with Falstaff is so considerable that he does not refuse to be cited as Sir Harold Bloomstaff:

> We do not need Henry V, and he does not need us. Falstaff needs an audience, and never fails to find it. We need Falstaff because we have so few images of authentic vitalism, and even fewer persuasive images of human freedom. (314)

The nod, it seems clear, is only a half nod. After all, Bloom's rejection of King Henry the Fifth equals the revival and commemoration of

---

[35] *Hamlet, Prince of Denmark*, edited by Philip Edwards, New Cambridge Shakespeare (Cambridge: Cambridge University Press, 1985), 5.2.368.

[36] Harold Bloom, *Shakespeare and the Invention of the Human* (New York: Riverhead Books, 1998), 320.

Falstaff. As Bloom's diction strongly suggests, the rejection of King Henry marks the invention of a new saint:

> What Falstaff bears is the Blessing, in the original Yahwistic sense: more life. [...] I am aware that I commit the Original Sin that all historicists – of all generations – decry, joined by all formalists as well: I exalt Falstaff above his plays [...]. This sin, like Bardolatry, to me seems salvation. (313-14)

Thus, a story that began with the abrogation of a public holy day, ends with the resurrection of the holiday spirit, the image of «human freedom» in Bloom's reading of Falstaff.

With the issue that Healy raises about «disestablishing» Shakespeare's *Henry V*, we really come full circle, back to the beginning of this paper. With his zeal to revise or move beyond our current sense of nationhood and the icons that we have been cultivating, since the early modern period, to support and question it, a radical Thomas Healy is really proposing something akin to a re-enactment of the Reformation effort to disestablish the celebration of St. George's Day.

Certainly against the background of the UN's recent powerlessness to prevent the extreme right-wing Taliban rebels in Afghanistan from destroying the historic images of Buddha, one feels called upon to take this old issue involving the canon of our Renaissance heritage rather seriously again. One certainly understands Healy's appeal, given the multiple excesses to which the legend of Henry the Fifth and Agincourt have given rise over the centuries, but the responsibility for such historical excess does not lie with the Shakespearean text, but with its later practitioners. And those practices were British, mainly, in this play that does not travel well.

Rather than marginalizing *Henry V*, it would seem, we ought, perhaps, to restate the claim to put the play, as well as the accumulating materials on its afterlife, more firmly in our curriculum. Together they constitute too valuable a historical mirror to do without.

In making these statements, I might be giving the impression that it would indeed be possible to whitewash traces of *Henry V*. With its own subtle system of mnemonics, its survival in popular cultural memory seems guaranteed. Also, as is borne out by the case of the

Catholic St. George, or of the Protestant martyr Sir John Oldcastle a.k.a. Falstaff, mere iconoclasm or suppression by consensus is hardly ever going to be effective. If there is no effective way to change the persistent desire to canonize saints, heroes, and bards, it would seem best to make that desire the object of our study. Only in that way will we «remember with advantages.»

Ton HOENSELAARS

APPENDICE

LA DRACHME PERDUE ET RETROUVÉE
Méditation augustinienne sur le souvenir et l'oubli (*Confessions*, livre X)

Jésus disait en parabole : « Quelle est la femme qui, si elle a dix drachmes et vient à en perdre une, n'allume pas une lampe, ne balaie la maison et ne cherche avec soin jusqu'à ce qu'elle l'ait retrouvée ? » (Luc 15, 8).

Augustin observait à ce propos : « Cette femme qui avait perdu une drachme et qui la chercha avec sa lampe, si elle n'en avait pas eu le souvenir, elle ne l'aurait pas trouvée. Car, trouvant une drachme, comment saurait-elle que c'était bien elle, si elle n'en avait pas eu le souvenir ? » (*Confessions*, X, 18, 27).

On parle beaucoup de mémoire de nos jours. Paul Ricœur vient de le faire dans son récent ouvrage : *La mémoire, l'histoire, l'oubli*[1], en rendant hommage à la méditation d'Augustin (p. 115-122).

On parle aussi beaucoup des *Confessions* de saint Augustin. Leur publication dans la prestigieuse collection de « La Pléiade », en automne 1998, a été saluée dans la grande Presse comme un événement.

Mais comment les clients de « La Pléiade » lisent-ils cet ouvrage ? A leur guise, bien sûr. Pour le plaisir, esthétique, littéraire, humaniste ou spirituel[2]. Augustin savait bien que tout livre édité échappe à son auteur. Il ne peut le rattraper, soit pour y apporter d'ultimes corrections, soit pour donner quelques consignes de lecture[3].

---

[1] Paris, Éditions du Seuil, 2000.

[2] Voir M. Miles, *Desire and Delight. A New reading of Augustine's Confessions*, New York, 1992.

[3] Voir ses *Révisions*, Prologue, 3, dans la collection « Bibliothèque Augustinienne », vol. 12, p. 269.

Je souhaite aux lecteurs des *Confessions,* dans « La Pléiade » ou ailleurs, de faire l'expérience que fit Augustin à l'écoute des sermons d'Ambroise. Brillant professeur de lettres, de rhétorique, disait-on à l'époque, il allait à l'église, le dimanche, pour écouter l'évêque, évaluer son éloquence. Et il se trouva bientôt incapable de dissocier la forme du fond.

Méfiez-vous : comme tout bon livre, les *Confessions* sont dangereuses ; elles risquent de vous perturber ou de vous convertir.

Il me plaît de rappeler ici, devant les sociétaires de la S.I.R.I.R., que le Père Denis de Bourg Saint-Sulpice, de l'Ordre des ermites de saint Augustin, offrit un jour à Pétrarque les *Confessions* en un livre de poche qui ne le quitta plus. Il l'avait sur lui lors de son ascension du Mont Ventoux, le 26 avril 1336.

Parvenu au sommet, il admirait le panorama. Et il ouvrit le livre au hazard. – Lit-on encore aujourd'hui les *Familières* en latin ? – Il le faut.

« Aperio, lecturus quicquid occurreret. Quid enim nisi pium et deuotum posset occurrere ? Forte autem decimus illius operis liber oblatus est. Frater expectans per os meum ab Augustino aliquid audire, intentis auribus stabat. Deum testor ipsumque qui aderat, quod ubi primum defixi oculis, scriptum erat : "Et eunt homines admirari alta montium et ingentes fluctus matis et latissimos lapsus fluminum et oceani ambitum et giros siderum, et relinquunt se ipsos". Obstupui, fateor ; audiendique auidum fratrem rogans ne michi molestus esset, librum clausi, iratus michimet quod nunc terrestria mirarer, qui iampridem ab ipsis gentium philosophis discere debuissem "nihil praeter animum esse mirabile, cui magno nihil est magnum". Tunc uero, montem satis uidisse contentus, in me ipsum interiores oculos reflexi, et ex illa hora non fuit qui me loquentem audiret... »

Essai de traduction : « J'ouvre le livre, disposé à lire tout ce qui viendrait ; car qu'est-ce qui pourrait venir qui ne soit de piété et de dévotion ? Par hazard ce fut le livre X de cette œuvre qui s'offrit. Mon frère qui espérait entendre de ma bouche quelque chose d'Augustin était là les oreilles tendues. J'atteste Dieu et mon frère qui était présent que dans le passage où je fixais d'abord les yeux, il était écrit : "Et les hommes s'en vont admirer les sommets des monts et les vagues géantes de la mer et les larges nappes des fleuves et le contour de l'océan et les circuits des astres et ils s'abandonnent eux-mêmes !" (*Confessions*, X, 8, 15). Je fus stupéfait, je l'avoue ; et, priant mon frère avide d'entendre de ne pas m'embêter, je fermai le livre, en colère contre moi-même qui admirait les choses terrestres, alors que j'aurais dû dès longtemps apprendre des philosophes des nations qu'"il n'est rien de merveilleux que l'intelligence et que par rapport à sa grandeur rien n'est grand" (Sénèque, *Lettre VIII,* 5) . Et alors, ayant assez vu la montagne, je retournai vers moi-même mes yeux intérieurs ; et, de cette heure, il ne fut personne qui m'entendît parler...»[4]

Les *Confessions* conduisent à la méditation dans le silence.

Elles ne sont pas des Mémoires littéraires. Mais elles sont bien œuvre de mémoire, au sens le plus profond, œuvre de remémoration et de restauration du moi ou du sujet, par la méditation assidue des saintes Écritures qui sont l'œuvre de mémoire de l'humanité.

Au livre VIII, suite au récit de la conversion du grand rhéteur Marius Victorinus, Augustin s'écrie : « Toi aussi, Père miséricordieux, Tu te réjouis davantage d'un seul qui fait pénitence que de quatre-vingt-dix-neuf justes qui n'ont pas besoin de pénitence (*Luc* 15, 7). Et nous, c'est avec grand plaisir que nous entendons dire de quelle allégresse tressaillent les épaules du berger rapportant la brebis qui s'était égarée et que la drachme est replacée en Tes trésors, à la joie partagée des voisines et de la femme qui l'a retrouvée ; et la joie de la fête de Ta maison nous tire des larmes, quand on lit en Ta maison que Ton fils cadet était mort et qu'il revit, qu'il était perdu et qu'il est retrouvé » (*Luc* 15, 4-24).

Au livre X, la longue méditation sur la mémoire (§ 12-37) détaille une étape de l'« itinéraire de l'esprit vers Dieu »[5]. Le trajet commence dans le monde : j'ai interrogé la terre, la mer, le ciel... « Dites-moi sur mon Dieu, puisque vous ne l'êtes pas, dites-moi sur Lui quelque chose.

---

[4] Pétrarque, Lettre au Père Denis, citée par P. Courcelle, *Les Confessions de saint Augustin dans la tradition littéraire,* Paris, 1963, p. 340. Voir aussi Évelyne Luciani, *Les Confessions de saint Augustin dans les lettres de Pétrarque,* Paris, 1982, notamment p. 65-81.

[5] Je reprends à dessein le titre du chef-d'œuvre très augustinien de saint Bonaventure.

Ils se sont écriés d'une voix puissante : c'est Lui qui nous a créés. Mon interrogation c'est mon attention, et leur réponse leur beauté »[6].

Le mouvement de transcendance se poursuit en l'homme : « Je vais dépasser encore cette force de la nature, m'élevant par degrés vers Celui qui m'a créé ; et j'arrive aux grands espaces et aux vastes palais de la mémoire »[7].

La mémoire est l'ampleur de l'esprit ; elle totalise l'expérience que j'ai du monde et la conscience que j'ai de moi (§ 12-15 ; § 21-25) ; elle thésaurise le savoir que j'ai acquis et les principes mêmes du savoir (§ 1620) ; elle est le siège de l'esprit (§ 26 et 36) et le sanctuaire de Dieu (§ 2637).

« Esprits fraternels »[8], ne vous hâtez pas ! Ne vous méprenez pas sur ce qui peut vous paraître de prime abord excès de subtilité[9], ou de verbosité. Il ne s'agit dans cette longue méditation ni de complaisance dans l'introspection ni de mauvaise rhétorique d'un « lettré de la décadence »[10]. Non ! C'est un exercice spirituel, une « gymnastique intellectuelle »[11] au cours de laquelle on multiplie les mouvements d'assouplissement de l'esprit.

Il faut notamment scruter le paradoxe de l'oubli (§ 24-28) pour se préparer à saisir le mode d'absence/présence de Dieu à l'esprit créé. C'est comme la femme à la drachme perdue.

Chercher Dieu, c'est chercher la vie heureuse, car Dieu est la vie même de l'âme (§ 29). Nous voulons tous être heureux ; nous avons la notion innée du bonheur. Mais, hélas !, nous le cherchons là où il n'est pas. « A quoi vous sert de marcher encore et encore par des chemins malaisés et laborieux ? Le repos n'est pas où vous le cherchez. Cherchez ce que vous cherchez ; mais cela n'est pas où vous cherchez ! Vous cherchez la vie heureuse dans la région de la mort.

---

[6] *Confessions*, X, 6, 9.

[7] *Ibid.*, X, 8, 12.

[8] *Ibid.*, X, 4, 5.

[9] Voir A. Solignac, « La mémoire selon saint Augustin », *Œuvres de saint Augustin, Bibliothèque Augustinienne*, vol. 14, p. 557-567.

[10] H.-I. Marrou, *Saint Augustin et la fin de la culture antique*, Paris, 1938, p. 85 ; « malencontreux concept » que Marrou a récusé dans la « Retractatio » de sa thèse, Paris, 1949, p. 677.

[11] H.-I. Marrou, p. 304.

Elle n'est pas là ! Comment y aurait-il vie heureuse où il n'y a même pas vie ? »[12].

« La vie heureuse est la joie née de la Vérité ; c'est la joie de Toi qui est la Vérité, Dieu, ma lumière, salut de mon visage, mon Dieu » (§ 33).

« Voici que j'ai parcouru tout l'espace dans ma mémoire à ta recherche, Seigneur ! Et ce n'est pas hors d'elle que je t'ai trouvé ; car je n'ai rien trouvé de Toi dont je n'eusse le souvenir depuis que je T'ai connu car depuis que je T'ai connu je ne T'ai pas oublié. En effet, là où j'ai trouvé la vérité, là j'ai trouvé mon Dieu, la Vérité même que je n'ai pas oubliée depuis que je l'ai connue. Aussi, depuis que je T'ai connu, Tu demeures dans ma mémoire ; et je T'y retrouve quand je me ressouviens de Toi et me délecte en Toi »[13].

« En Toi au-dessus de Moi »[14].
La mémoire est renaissance !
Et vice versa !

Goulven MADEC

---

[12] *Confessions*, IV, 12, 18.
[13] *Ibid.*, X, 24, 35.
[14] *Ibid.*, X, 36, 37.

INDEX DES NOMS CITÉS

INDEX DES NOMS DE LIEUX

INDEX DES OUVRAGES CITÉS

INDEX DES PERSONNAGES

TABLE DES MATIÈRES